Mi cabeza
me
hace trampas

D1699993

Mi cabeza me hace trampas
Historia de un trastorno bipolar

Carlos Mañas Gómez

EDITORA

© Carlos Mañas Gómez
Solidarios Anónimos. www.solidariosanonimos.org
© AUGA EDITORA
Portada: Línea Creativa
Pictograma: Lucas Mañas Gallidoro
Ilustraciones: Suso Cubeiro
Maquetación: Jaime Asensi
Imprime: La Ibérica. Santiago de Compostela

ISBN: 978-84-938253-2-4
Depósito Legal: C 419-2011

AUGA EDITORA
Es un sello exclusivo de
Versátil, Servizos Editoriais, S.L.
Rúa do Morcego, 8 A
15702 Santiago de Compostela. Galicia
Tfnos. 981 525 387 / 616 898 745
augaeditora@augaeditora.com
augaeditora@gmail.com

Sería todo un elogio si el presente libro formara parte
del equipaje de lectura de los usuarios del
transporte público y que el repaso de sus páginas los
embelesara de tal modo que no se dieran cuenta de que ya
ha pasado la parada donde tenían que haberse apeado.
¡Ojalá la presente obra goce de la
categoría de libro/despiste!

Carlos Mañas Gómez

Prólogo

Nuestra cabeza no para de hacernos trampas. Existe, sin duda, una distancia entre la realidad objetiva y la realidad percibida, que varía de persona a persona, de momento a momento, de circunstancia a circunstancia. La trampa más común consiste en creernos que nuestra forma de ver las cosas responde a argumentos racionales y objetivos. Relativizar y, sobre todo, relativizarse, requiere una gran fortaleza mental. Esa fortaleza que demuestra Carlos Mañas en su libro, en su obra, en su forma de afrontar la enfermedad que padece y la vida. Una gran cualidad que se respira con la lectura de este libro que explica, con desazón pero sin amargura, las barreras sociales que afrontan las personas con enfermedades mentales. Si la enfermedad en sí ya es un handicap, lo lamentable es que la sociedad añada obstáculos, fruto de prejuicios y temores irracionales, a los propios de la patología. Carlos nos lo cuenta con mucho sentido del humor, con un distanciamiento sano que confirma lo que él mismo nos explica, con gran lucidez: que se puede tener una enfermedad mental y estar mentalmente sano.

Mi cabeza me hace trampas no es una autobiografía, ni un libro de autoayuda, ni un texto de denuncia social, aunque tiene un poco de todo ello. Es un testimonio del impacto de una enfermedad mental en una persona inteligente y con talento, y es una reflexión sobre las actitudes sociales, incluyendo a los medios de comunicación, respecto a los trastornos psiquiátricos. El libro refleja de forma lúcida el estigma social asociado a las enfermedades del cerebro que se manifiestan en alteraciones de la conducta, las emociones o el pensamiento, que denominamos trastornos mentales. Detrás de dicho estigma se observa con claridad la silueta de la ignorancia, el temor y los prejuicios hacia dichas enfermedades y quienes las padecen. El libro, además de entretener, puede ayudar a muchos a superar el impacto del estigma social que se añade al propio de la enfermedad.

Quizás haya llegado la hora de reconocer las trampas que nos hace nuestra cabeza, tanto como individuos, enfermos o no, como desde el punto de vista social. La peor trampa es no entender que una persona que sufre un trastorno bipolar es alguien como los demás, un potencial buen amigo o amiga (o no), una persona querida (o no), alguien inteligente (o no) y bueno (o no). Carlos nos ayuda con su libro a conocer mejor nuestra cabeza y ganar unos valiosos centímetros de libertad.

Eduard Vieta Pascual

* Eduard Vieta es psiquiatra y profesor de la Universidad de Barcelona. Médico consultor del Hospital Clínic Universitari de Barcelona, es coordinador de Investigación en Neurociencias y director del Programa de trastornos bipolares. Así mismo, es investigador del Institut d'Investigacions Biomèdiques August Pi i Sunyer y del Centro de Investigación Biomédica en Red de Salud Mental (CIBERSAM).

Una persona muy especial

Cuando Carlos me propuso comentar este libro, lo primero que sentí fue sorpresa, pues no sabía que estaba en estos quehaceres, y también ansiedad por mi innata vulnerabilidad al estrés. Pronto comprendí que no quedaba más remedio que aceptar el encargo por la amistad que nos une. Como es lógico me tuve que leer el libro y a pesar de ser muy anárquico he conseguido hacerme fácilmente una idea general del mismo por la afinidad de nuestros pensamientos y sentimientos sobre este tema.

Hace dos años hicimos una reunión sobre "El estigma del enfermo mental" para conmemorar dos circunstancias: el Día Mundial de la Salud Mental y la puesta en marcha de un foro sobre enfermedades mentales de la entidad del tercer sector TBO. En los discursos se trató del estigma desde distintas perspectivas y, sin duda, aquel momento fue un punto y seguido de esta enjundiosa obra que culminó en este libro.

Los enfermos mentales son personas marginadas por la sociedad, por considerarlos potencialmente peligrosos y violentos sólo por el hecho de padecer un trastorno psíquico, sin discriminar qué tipo de enfermedad tienen, cuáles son sus circunstancias personales, familiares y si está desamparado o no, simplemente es sospechoso de agresividad. Se los considera imprevisibles, se está alerta ante sus reacciones y no se suele contar con ellos para nada. Como se les atribuye un deterioro del juicio se les desautoriza, ningunea o ignoran sus comentarios, con lo que se contribuye a bajar, aún más, su ya maltrecha autoestima.

No se les da afecto por temor a sus reacciones, cuando esto sería básico para obtener una mejoría en su evolución. La ansiedad, los miedos y temores han de afrontarlos muchas veces en soledad e incomprensión. El paciente no tiene que pedir perdón por su enfermedad, y tiene derecho a su comprensión, afecto, ayuda, compañía y buenos consejos para ayudarle a superarla.

Los cuadros más graves de la psiquiatría son la esquizofrenia y el trastorno bipolar.

A los psicóticos les queda el cerebro tan afectado que apenas les queda capacidad para defenderse ni reivindicar nada; si son como se espera de ellos deberán aceptar los fármacos que les prescriben (cuya eficacia es bastante limitada) para buscar alguna mejoría, teniendo que soportar muy a menudo bastantes efectos secundarios. Nos quedan los bipolares; cuando son concientes de su enfermedad, habitualmente en las fases depresivas o en los periodos de desadaptación maníacos, acuden al especialista. El diagnóstico se suele demorar bastante, pues el paciente acude tarde al médico o bien este lo confunde con los trastornos depresivos, mucho más frecuentes. Se trata de un trastorno que tiene un tratamiento bastante eficaz, y si se lleva una vida sana y tiene un soporte familiar y afectivo, puede llegar a alcanzar una calidad de vida bastante aceptable.

Carlos Mañas es una persona muy especial. Tiene valentía para reconocer su enfermedad ante todos, a sabiendas de que va a ser estigmatizado e incomprendido por muchos de ellos; tiene humanidad, pues es caritativo y solidario con sus semejantes; inteligente ya que comprende y conoce cuál es su situación; tiene sensibilidad para apreciar el sufrimiento ajeno; y es creativo, pues continuamente indaga nuevas formas de comunicación en esta área y otras.

Mi cabeza me hace trampas es un libro que nos enseña una situación en la que cualquiera puede caer. Los trastornos mentales están ahí, y las personas que los padecen pasan por nuestro lado muchas veces sin darnos cuenta de su existencia.

Cuando nos toca una, nos produce incredulidad, desconcierto y negación. Finalmente, si conseguimos orientarnos bien, negociamos con su existencia y tratamos de buscar la mejor manera de minorar sus efectos. Como no se ven ni objetivan, sólo sienten y padecen, muchas personas dudan de su existencia, por lo que el paciente debe de luchar, además, con su incomprensión. Un relato como este, junto al contacto con la persona, hace que uno se dé cuenta de que el dolor humano puede proceder de sitios diferentes.

Con esta obra el autor quiere también señalar los síntomas que una enfermedad puede presentar y mostrar a muchas personas de su alrededor agradecimiento por su comprensión y ayuda.

Dr. José Ramón López Vázquez
Médico/Psiquiatra
SERGAS (Servizo Galego de Saúde)

Presentación

Vivimos en una sociedad que desafina, que interpreta demasiado a los demás y los entiende muy poco. Una comunidad de vecinos, en apariencia civilizada pero paradójicamente rodeada de prejuicios, revestida de una miopía ética y moral que no soporta al frágil y lo arrincona, donde la enfermedad mental, cerebral o psíquica (no vamos a entrar en especulaciones semánticas) puede ser la excusa más cobarde para disculpar el estigma o despertar la sospecha moral. El entorno social que compartimos nos pide ser lo que no somos y, al mismo tiempo, nos culpabiliza por ser como somos. En mi opinión, nadie debe avergonzarse de lo que es. Yo, sin ir más lejos, a veces estoy tan bajo de ánimo que ni siquiera tengo ánimo de lucro. A pesar de padecer una enfermedad denominada trastorno bipolar con el apellido de síntomas psicóticos, creo tener la suficiente entereza para, cuando menos, intentar cortar de raíz el cordón umbilical "del qué dirán".

Buena parte del presente libro aborda las aptitudes y actitudes que manifiesta la sociedad civil hacia las personas con algún tipo de trastorno psíquico. Pretende desmontar con datos objetivos los prejuicios, miedos ancestrales y el rosario de agravios que comportan los problemas psíquicos. Se insistirá en facilitar información práctica de interés a los pacientes y su círculo afectivo, a través de una puesta en escena didáctica y comprensible, para tal labor me atrevo a tomar prestados sentimientos propios y ajenos. Se expondrán vivencias reales, opiniones autorizadas y un largo etcétera de argumentos contrastados, que nada tienen que ver con libros de autoayuda o la terapia del llanto que propagan algunos foros de internet. En definitiva, el lector encontrará entre las páginas, un manual de optimismo ilustrado.

SI NO PUEDES SER POETA, CONVIÉRTETE EN POEMA

Mi amigo Teo Cardalda es una persona cuyo talento y sensibilidad es indiscutible. Moralista que da voz a los sin voz. Con una personalidad libre de hipocresía y de servilismos, abierta a las personas y no a los intereses.

Tengo el honor de haber inspirado la letra de esta canción, la primera pieza musical compuesta en España cuya letra se inspira en la patología bipolar. Teo y María Monsonis dan voz a una letra pensada en el optimismo, en la felicidad, haciendo de la sintonía que le da vida un compromiso social.

CALOR EN INVIERNO (Reencarnación, 2009)

Tengo un corazón lleno de sol y también de nubarrones.
Hay dos mundos dentro de mí y no sé en cuál estoy.
Voy descalzo sobre la nieve y desnudo en invierno.
Y me gusta llorar bajo el sol mientras digo que no, que sí, quédate aquí.
Sólo quiero saber si tú sientes también, como yo, "calor en invierno".
Sólo quiero saber si quieres entender lo que hay dentro y fuera de mí.
Sólo quiero saber si tú sientes también, como yo, "calor en invierno".
Sólo quiero empezar, ser capaz de parar la veleta que hay dentro de mí.
Cuando llega la tempestad, me aprisiona el silencio y me pierdo en el mar de la furia y de la inmensidad.
Pienso en ti, en el amor, y una luz parpadea a lo lejos y comienzo a sentir que ahora no, que ahora sí, que tal vez pueda escapar de aquí.
Sólo quiero saber si tú sientes también, como yo, "calor en invierno".
Sólo quiero saber si quieres entender lo que hay dentro y fuera de mí.
Sólo quiero saber si tú sientes también, como yo, "calor en invierno".
Y volver a empezar, ser capaz de parar la veleta que hay dentro de mí.
Sólo quiero saber si tú sientes también, como yo, "calor en invierno".
Sólo quiero saber si quieres entender lo que hay dentro y fuera de mí.
Sólo quiero saber si tú sientes también, como yo, "calor en invierno".
Sólo quiero acabar, ser capaz de escapar y sentirme cerca de ti.

F 31. 5 (CIE-10)

Mi perfil, mi personalidad y todo lo que me integra en la sociedad con pleno derecho (ciudadano con "papeles") se viste de números. El número del DNI, el número de la Seguridad Social, el número de teléfono, el número de cuenta bancaria… Ahora se aloja en mi agenda personal una combinación numérica trascendental: F 31. 5.

Se trata de un diagnóstico que pasa a engrosar la lista de códigos CIE-10 Clasificación Estadística Internacional de Enfermedades y otros problemas de salud, del inglés ICD (*International Statiscal Classification of Diseases and Related Healt Problems*), organismo que provee los códigos para clasificar enfermedades y una amplia variedad de signos, síntomas, hallazgos anormales, denuncias, circunstancias sociales y causas externas de daños y/o enfermedad. Cada condición de salud puede ser asignada a una categoría y darle, en consecuencia, un código de hasta seis caracteres de longitud (en formato de X00.00). Las citadas categorías pueden incluir un grupo de enfermedades similares.

Mi pasaporte mental ostenta la categoría numérica F 31. 5: trastorno bipolar, episodio actual depresivo grave con síntomas psicóticos. Por favor, ¡no se asusten! Pueden seguir leyendo con tranquilidad. Considero que aún tengo la capacidad de conquistar sueños y desafíos. El trastorno bipolar es una enfermedad que tiene que ver con las emociones no con el intelecto. Mi vida es una sucesión de cambios, algunos los busco caprichosamente y otros me cogen por sorpresa. Es algo así como las caquitas de perro, tropiezas con ellas cuando menos te lo esperas.

Algunos autores piensan que el etiquetar a una persona como enferma mental es estigmación no diagnosis. Los diagnósticos de enfermedades mentales no sólo son o sirven para prescribir tratamientos sino también para resolver batallas por la custodia de menores y casos de discriminación que se basan en el escepticismo voluntario de personas ajenas al pronóstico y su desenlace social.

¿Cómo supe que era diferente?

Desde mi infancia ya tenía mi propio diagnóstico. Yo mismo me puse la etiqueta "DiMeDi". Un término que no figura en ningún tipo de clasificación médica, tal como CIE-10 u otros estamentos sanitarios similares. Yo defino "DiMeDi" como **Di**sposición **Me**ntal **Di**ferente.

Yo nací en el seno de una familia numerosa de clase media/alta. Soy el menor de siete hermanos. La forma intermitente en que mi madre nos trajo al mundo provocó una diferencia generacional entre mis hermanos mayores y yo. A pesar de ser una gran familia, siempre me consideré como hijo único dada la diferencia de edad con el resto de mis hermanos. Apenas compartí juegos, risas o confidencias con ellos. Prácticamente pasé la adolescencia en compañía de mi madre, la ausencia de mi padre me cogió por sorpresa a los 11 años. Su pérdida me conmocionó sobremanera, más aún cuando supe que atravesaba por problemas depresivos que agotaron su capacidad vital. En la escuela se empezaban a manifestar mis primeros síntomas de eu-

foria. Hoy los doctos en la materia lo definirían como hiperactividad. Antaño, el adjetivo más común por parte de los maestros (Hermanos Maristas) era el de acusarme de niño travieso y caprichoso. Era popular, no por los estudios que sacaba derrochando desidia sino por mi talento creativo y mis habilidades atléticas. Popularidad que me destapaba, aún más, mi egocentrismo infantil y que a la larga sería el preludio de los triviales desfases que marcarían mi juventud. Nunca fui consciente de padecer ningún trastorno del humor. La depresión y la manía eran, y siguen siendo, constantes en mi vida diaria.

Resulta curioso como el mundo de la psicología ha sido capaz de poner nombre a situaciones que hasta ahora no pensábamos que eran patologías. Por ejemplo, el síndrome postvacacional que es lo que toda la vida se ha llamado el tener ganas de seguir tocándose las narices. Está claro que el uso de vocablos psicológicos suaviza todo aquello que puede sonar demasiado escandaloso dicho en términos cotidianos. Conocer la terminología científica puede ser, además, útil para buscar excusas. El bautizar los comportamientos conscientes con nombres científicos nos ayuda a estar más tranquilos. Si uno no está contento con su vida, lo que tiene que hacer es colmarla de expresiones que suenen bien y se librará de responsabilidades.

Espero que hayan entendido el sentido cómico e irónico del párrafo anterior. Es una muestra más de cómo el uso gratuito de expresiones puede tergiversar la realidad, perjudicando al que realmente está condenado a la cronicidad de una enfermedad seria, ajena a conductas banales. Hecha la aclaración pertinente, continúo explicando mi método "DiMeDi" que dibuja mi *modus vivendi*.

En la edad adulta comencé a trabajar en áreas vinculadas al marketing y la comunicación, cosechando éxitos en calidad de creativo, conferenciante y profesor en prestigiosas escuelas de negocios. Siempre sentía gran energía por hacer cosas y mi ocupación, la creatividad junto con la docencia, eran el caldo de cultivo para confundir la euforia con el entusiasmo. Apenas dormía, tres horas eran

más que suficientes. Estaba inmerso en un derroche de talento en medio de una euforia desquiciante. De repente, mi cabeza me empezó a hacer trampas, se empezaban a dar cita en mi interior diferentes síntomas psicóticos, salpicados por una angustia de tal envergadura que impedía domesticar mis impulsos. Me "afeaba" la conducta lo que, obviamente, hacía prácticamente imposible el ejercicio laboral propio de mi profesión de manera normal, y mucho menos competitiva, donde impera un riguroso repertorio básico de capacidades. Esos momentos de pesadumbre simulaban la agonía de saber algo de antemano (la aparición de un brote) sumado a la impotencia de no poder evitarlo. Ahora entiendo por qué el Prozac se vende cuatro veces más que el Viagra.

Transcurrido el episodio eufórico me inundaba la depresión. Cabalgaba a caballo entre la euforia y la angustia. Daba saltos de canguro desde la depresión exagerada hasta la injustificada alegría. Sufría y sufro, en menor medida, cambios emocionales que se alternan de manera caprichosa y con diferente intensidad a lo largo de mi vida. La repetición prolongada y excesivamente radical de los citados episodios cíclicos maniacos y depresivos desembocaron en problemas de cohesión social, que se traducían en bajas laborales e incómodas situaciones relacionales interpersonales que alimentaban mi propia autoexclusión. Gozaba conscientemente de una visión del mundo personal e intransferible.

Mi familia, luego de años de sufrimientos, me invitó a pedir ayuda psiquiátrica y comulgar con un rigoroso tratamiento farmacológico que facilitaría mi calidad de vida. Me costó visitar al psiquiatra. Tenía miedo de que los fármacos recetados hicieran mella en mis hábitos mundanos. Pero el coste emocional de la enfermedad ya había borrado mi sonrisa. Ya no tenía nada que perder. En mi rostro la felicidad y la tristeza se confundían por momentos. Empezaba a entablar amistad con voces y visiones. Ante semejante desgaste, opté por ponerme en manos profesionales. Mis hijos se lo merecían. Acepté a regañadientes mis flaquezas y entendí con el tiempo que no existe ningún consejo sanitario que no lleve aparejado ninguna renuncia al placer. Mi psiquiatra de cabecera, junto con su equipo psicológico, me diagnosticó trastorno bipolar, conclusión avalada tras diferentes exámenes clínicos, antecedentes familiares, cuestionarios de personalidad, análisis psicológicos concretos y un largo etcétera de tareas de evaluación concluyentes. Es justo destacar la empatía que tanto mi psiquiatra como mi psicóloga aplicaron en mi caso.

Normalmente el diagnóstico del trastorno bipolar tarda cerca de 10 años en confirmarse. Un galeno que no entiende una mirada, tampoco entenderá una explicación. En mi caso el lenguaje no verbal fue perfectamente codificado por parte del equipo médico y psicológico, cuando yo apenas era capaz de verbalizar el problema.

Ahora mi familia me entiende, yo me resigno y la farmacia me estabiliza.

Salud mental

Ya tenía un diagnóstico del que nunca había oído hablar, salvo que se trataba de una enfermedad mental. Necesitaba empaparme de información al respecto. Enfoqué mi curiosidad a la inversa. En vez de conocer los síntomas de la enfermedad mental, quise averiguar lo que se entendía por salud mental.

La primera descripción más o menos didáctica que encontré fue la siguiente:

"Salud mental" o "estado mental" es la manera como se conoce, en términos generales, el estado de equilibrio entre una persona y su entorno sociocultural, lo que garantiza su participación laboral, intelectual y de relaciones para alcanzar un bienestar y calidad de vida".

En la primera especulación informativa observé la importancia del equilibrio emocional como garante para la participación activa en tareas laborales, intelectuales y relacionales. Está claro que la euforia desmesurada no es buena compañera de viaje para la salud mental estándar. Si tuviera que definir la euforia a mi manera, sería como ir a bordo de un avión que se incendia en pleno vuelo y decidir que lo más inteligente antes de que el aparato se estrelle contra el suelo sería correrse una juerga con las azafatas.

Se dice "salud mental" como analogía de lo que se conoce como "salud o estado físico", pero en lo referente a la salud mental indudablemente existen dimensiones más complejas que el funcionamiento orgánico y físico del individuo. La salud mental ha sido descrita de múltiples formas por estudiosos de diferentes culturas. Los conceptos de salud mental incluyen el bienestar subjetivo, la autonomía, la competitividad, así como el potencial emocional del sujeto.

Sin embargo, las precisiones de la Organización Mundial de la Salud (OMS) establecen que no existe una definición "oficial" sobre lo que es salud mental y que cualquier definición al respecto estará siempre influenciada por diferencias culturales, asunciones subjetivas y disputas entre teorías profesionales. En cambio, un punto en común en el cual coinciden los expertos es que "salud mental" y "enfermedades mentales" no son dos conceptos opuestos, es decir, la ausencia de un reconocido desorden mental no indica necesariamente que se tenga salud mental y, al revés, sufrir un determinado trastorno mental no es óbice para disfrutar de una salud mental razonablemente buena.

El estudio y observación del comportamiento del sujeto en su rutina diaria es la pista principal para esbozar el estado de su salud mental. La manera de hacer frente a sus temores y capacidades, sus competencias y responsabilidades, la manutención de sus propias necesidades, las conductas que manifiesta a la hora de afrontar sus propias tensiones, sus relaciones interpersonales y la manera de liderar una vida independiente. En palabras castizas, según cómo te busques la vida, así será tu temperatura mental. Además, el comportamiento que tiene una persona frente a situaciones difíciles y la superación de momentos traumáticos permiten establecer una tipología acerca de su nivel de salud mental.

El bienestar mental, por ejemplo, es visto como aquel atributo positivo por el que una persona puede alcanzar los niveles correspondientes de salud mental que resultan de la capacidad de vivir en plenitud y con creatividad, además de poseer una evidente flexibilidad que le permite afrontar dificultades, fracasos y los retos inevitables que plantea la vida. Dice además la OMS que el aspecto de la salud mental es una materia de vital importancia en todo el mundo pues tiene que ver con el bienestar de la persona, de las sociedades y de las naciones y que sólo una pequeña minoría de los 450 millones de personas que sufren desórdenes mentales o del comportamiento reciben en efecto un tratamiento. Concluye la organización que los desórdenes mentales son producto de una compleja interacción entre factores biológicos, psicológicos y sociales.

El tema de la salud mental, además, no concierne sólo a los aspectos de atención posterior al surgimiento de desórdenes mentales evidentes, sino que corresponde además al terreno de la prevención de los mismos con la promoción de un ambiente sociocultural determinado por aspectos como la autoestima, las relaciones interpersonales y otros elementos que deben venir ya desde la educación más primaria de la niñez y de la juventud. Esta preocupación no sólo concierne a los expertos, sino que forma parte de las responsabilidades propias de la Administración a la hora de concebir un estado de bienestar, de las políticas autonómicas, provinciales y locales, de la formación en el núcleo familiar, de la responsabilidad asumida por los medios de comunicación y de la consciente guía hacia una salud mental en la escuela, en los espacios de trabajo y en los escenarios de consumo.

La Administración apuesta demasiado por el paternalismo como sistema de auxilio y prevención. Parece que aún tiene la idea de que los enfermos psíquicos no somos capaces de hacer nada por nosotros mismos. Una sociedad basada en la caridad, no es una sociedad basada en la igualdad. En ocasiones, los contactos entre enfermos y especialistas resultan inútiles por falta de tiempo, de personal…

Una cosa es la buena intención de querer ayudar a los demás y otra cosa es que sirvas para ello.

El pensamiento humanitario o moral de los gestores públicos se puede adivinar, según cómo se entiendan ciertos conceptos operativos. Por ejemplo: gasto e inversión.

Crear un hospital de día para enfermos psíquicos se considera inversión mientras que contratar psicólogos, asistentes sociales, médicos… se considera un gasto. Vivimos demasiado rápido como para fijarnos en las consecuencias morales de nuestros actos. Generar expectativas en colectivos de exclusión social y no cumplirlas supone más gravedad que en otros sectores sociales.

Es necesario no separar la realidad de la salud mental de la salud física, que se corresponde a la perfección con la sentencia *"mente sana en cuerpo sano"*.

La relación que existe entre las enfermedades biológicas y las enfermedades mentales tienen una evidente conexión, como señala Benedetto Saraceno en el Simposio "Salud mental y física durante toda la vida" de la Organización Panamericana de la Salud (OPS): "Los desafíos complejos que presenta la comorbilidad de las enfermedades mentales y físicas estarían mucho mejor atendidos en todo el mundo con estrategias de atención integral dirigidas al paciente y a la comunidad".

Estamos exigiendo al ciudadano de a pie una pureza de comportamiento mucho más estricta de la que dan ejemplo nuestros gobernantes. Es necesario menos conato político y más amplitud de miras. La política sanitaria debe ser el reino de las formas al tratar temas tan delicados como la salud mental. La simbiosis mental y física sólo se puede llevar a cabo gracias a un enfoque competente de temas éticos en un marco institucional, ajeno a la exhibición del dolor y la agonía.

Concepto de higiene mental

Hasta el momento, ya conocía algo más de mi diagnóstico. Empezaba a entender que los trastornos del humor no tenían nada que ver con la torpeza de no "pillar" los chistes a la primera, pero aún residía en mí la necesidad imperiosa de descubrir todo tipo de revelaciones que me aportaran pistas para entenderme a mí mismo.

Empecé a escuchar el concepto de higiene mental y a interesarme por su significado. Todos los rastros e indicios informativos que averigüé al respecto de la higiene mental tropezaban una y otra vez con un valiente personaje que hizo tambalear las instituciones psiquiátricas a principios del siglo XX: Clifford Whittingham Beers (1876-1943). Si C.W. Beers hubiera nacido en un lugar de la Mancha, sería el Quijote de la salud mental.

En 1900 nuestro Quijote americano fue confinado en diferentes instituciones psiquiátricas, donde paseó su enfermedad psíquica durante un periodo de tiempo cercano a los ocho años de reclusión. Durante el tiempo que permaneció internado fue testigo directo de los malos tratos que a manos de los funcionarios se infringían sobre los pacientes. Vivió en carne propia el generalizado hábito de poner etiquetas a los demás en un reduccionismo tan cómodo como injustificado.

Semejante experiencia fue la inspiración de un libro autobiográfico titulado *Una mente que se encontró a sí misma*, donde se detallaba gráficamente la patética organización de los hospitales psiquiátricos de aquel tiempo. El coraje de poner al descubierto la barbarie que infectaba las paredes de los sanatorios produjo tal impacto en la opinión pública norteamericana que originó la revisión del sistema hospitalario y la creación de la primera Liga de Higiene Mental, que sirvió de modelo a las que se fueron creando después en todos los países civilizados.

El movimiento de higiene mental se inicio en Estados Unidos por mediación del propio Beers, cuyo libro autobiográfico vio la luz en el año 1908, creándose ese mismo año la Sociedad para la Higiene Mental de Connecticut, su ciudad natal. En 1909 se formó el Comité Nacional Americano de Higiene Mental y a partir de 1919 comienza una preocupación más intensa por la higiene mental, a consecuencia de la fama que adquiere la obra de Beers.

En pleno siglo XXI los especialistas definen la higiene mental como parte de la medicina preventiva, cuyo objetivo es asegurar que la estructura de la personalidad del sujeto sea tan buena y sana como su base genética se lo permita. Consiste básicamente en un conjunto de medidas destinadas a mantener el equilibrio psíquico, a prevenir los desórdenes mentales y a facilitar la adaptación de las personas a su medio respectivo.

Tengo que dejar de rezarle a la Virgen de la Locura

Toda educación recibida en el marco de la docilidad, obediencia y miedo excesivo estimulan la baja autoestima. A veces, me resulta incómodo revelar aspectos de mí mismo por miedo o temor a crear una mala impresión ante mi interlocutor.

La percepción que los demás tienen de mí, ilumina sus reacciones y prejuicios sobre mi comportamiento, al tiempo, que fomenta una visión focal de la relación.

El interlocutor, sea cual fuere el rol social que desempeñe (un taxista que me acerca a un destino determinado, la pareja que está delante de mí en la cola del supermercado, el vecino que coincide conmigo en el ascensor, los amigos de mis hijos que vienen a jugar a casa…), focaliza su atención en detalles corporales o fisionómicos de mi persona. Se preguntan por qué tiemblo, observan con detenimiento mi mirada perdida, se fijan en el movimiento involuntario de mis labios… Lejos de hacer una lectura global de mi aspecto, la so-ciedad en general tiene una habilidad extraordinaria para captar datos concretos que despiertan su atención súbita. Semejante "cacheo visual" acentúa sin remedio mi tortura mental y me somete, sin querer, a una docilidad de comunicación que me atormenta y que intento aliviar con una sonrisa a media vela, envuelta dentro de una cara de derrota y anhelo.

Los efectos secundarios de la medicación originados por la obediencia imperativa de su consumo se dan la mano con la insolente inocencia de los episodios anímicos de mi enfermedad. Cuando atravieso por un estado emocional donde la depresión endógena domina mi conducta, disimulo mal el llanto y opto por refugiarme en las cuatro paredes de mi cuarto en busca de sosiego espiritual; mientras el aliento de la calle aletea las cortinas, me propongo resetear mi disco duro y cargarlo con archivos positivos que me permitan hacer las paces con la enfermedad. Me levanto cuando me lo pide el cuerpo y aún le concedo prorroga. Mi mirada parece que busca algo en el aire, mi voz es arenosa y arrastro las palabras cuando no me queda otro remedio que expresarme verbalmente.

En estos momentos domésticos de ausencia voluntaria prolongada, mi círculo afectivo es el que más se resiente. Les hago sufrir de forma inconsciente y los obligo, con mucho remordimiento, a tolerar mi enfermedad. Si no me apetece salir a la calle a pasear con los niños, lo entienden (… pero sé que serían muy felices si los acompañara), si no deseo ir a una reunión de padres, da igual (... pero estoy convencido de que mi mujer estaría más contenta si yo participara de forma más activa en la educación de mis hijos). El abandonar mi barricada casera durante mi proceso melancólico me produce mucho estrés, compartir una velada con extraños o poco conocidos, por ejemplo, me resulta tedioso, me siento observado por todos. Me limito a escuchar todo el rato y de vez en cuando puedo amagar sin suerte una frase que se me queda atravesada en la boca como si alguien me hubiera almidonado la saliva.

Al menos, sufro la enfermedad con el consuelo de saber que soy un enfermo afortunado por haberme casado con una mujer que entiende mis rarezas, por poder disfrutar a mi manera de unos hijos que lejos de avergonzarse de su padre, asumen mis disparates emocionales con humor y ternura. Tengo suerte de vivir en un país donde, de momento, no tengo que pagar la medicación, que me resultaría impensable costear si no disfrutara de la condición de minusválido.

La aceptación social de personas que padecen condiciones de salud mental ha probado ser la mejor ayuda y también la mejor prevención de desórdenes mentales. Desafortunadamente las personas con condiciones mentales atípicas se postulan como incómodos sociales, víctimas de discriminación, incluso por parte de su propio núcleo familiar; no son aceptadas con facilidad en el mundo laboral y en la comunidad. La falta de un conocimiento acerca de lo que significa un problema de condición mental es otro factor que incide en el mismo fenómeno de marginalización.

Yo soy de los que piensan que el cuerpo humano, como el motor de los coches, sólo hay que conocerlo por dentro cuando surge una avería. Y a mi juicio no asimilaba como "averías cerebrales" mis episodios de manía. Una realidad cuyo desconocimiento sin duda me hacía feliz. Era impensable que visitara al psiquiatra o pidiera consejo médico, ¿para qué?, estaba en mi salsa. Me sentía feliz siendo un analfabeto emocional, pero sin darme cuenta me estaba convirtiendo en una especie de kamikaze social. Gozaba de una anarquía creativa que luego trasladaba a mi vida diaria. El adjetivo llamativo parecía inventado para todos mis actos.

PESQUISA BIPOLAR

- Trastorno bipolar es una enfermedad casi desconocida a pesar de ocupar el sexto lugar en el ranking de las enfermedades más discapacitantes.
- Afecta a cerca del 2% de la población y lo padecen por igual hombres y mujeres, aunque en el varón se desatan más estados psicóticos.
- El consumo de drogas y el estrés son desencadenantes de la bipolaridad y síntomas esquizofrénicos en personas predispuestas.
- El trastorno bipolar, patología más desconocida que la esquizofrenia, es una enfermedad crónica que se manifiesta a través de cambios caprichosos del estado de ánimo, desde la extrema euforia hasta la más profunda tristeza.
- El promedio de retraso para el diagnóstico efectivo de la enfermedad ronda los diez años.
- Las personas diagnosticadas como bipolares después de la veintena pierden 9 años de vida, 12 de buena salud y hasta 14 años de vida laboral.
- Por otra parte, según la Fundación Mundo Bipolar, el riesgo de suicidio entre estos enfermos oscila entre el 25 y 40 %, y el 10 % consigue consumarlo en periodos de depresión aguda o autoculpa.

¿Las manualidades como terapia de choque?

Los datos aportados por la pesquisa bipolar me hicieron plantearme seriamente un enfoque racional de la enfermedad. Opté por buscar instituciones que me informaran de la enfermedad y me alimentaran una sensación de bienestar apta para soportar la cronicidad de la patología, y por entender que cuanto más sabes quién eres menos te afectan las cosas.

La primera institución que visité tras conocer mi diagnóstico psiquiátrico F31. 5 no me trae buenos recuerdos.

El primer impacto institucional que recibí en calidad de enfermo y que nació a través de una entidad (no cito su nombre) que acoge en su seno personas con síntomas semejantes a los míos, fue realmente nefasta. La atmósfera de comunicación entre las partes bautizaba una relación fría y distante, a mitad de camino entre el protocolo y la indiferencia. A cambio de una módica cuota mensual podía disfrutar en grupo de unos estupendos consejos terapéuticos y recobrar mi identidad haciendo barcos con palillos y otras manualidades varias.

No me veía jugando a las palabras encadenadas o encolando palillos con pegamento escolar. Ante esto, solicité la posibilidad de conquistar otras metas de integración que no abortaran mi talento y las sobras de mi autoestima. *¡Es lo que hay! O lo tomas o lo dejas*. Me contestaban con una mezcla de sugerencia y ultimátum. Como no se podía cambiar el *modus operandi* desde dentro, de la mano de un psiquiatra, un psicólogo y un número respetable de pacientes decidimos crear una entidad propia del tercer sector denominada: TBO, Trastorno Bipolar Organización-Foro de Salud Mental

Lo que en principio podía parecer un ramalazo eufórico, de un maniaco depresivo, se convirtió en una entidad no lucrativa que da mucho que hablar a nivel mediático (foros de internet) y despertó la alerta entre otras entidades similares que dan cobijo a pacientes con problemas psíquicos de cualquier naturaleza. Lo que hoy es TBO Foro de Salud Mental en gran parte se debe a la labor altruista del médico psiquiatra Ramón López Vázquez, galeno cuyos diálogos de consuelo nunca pasarán inadvertidos ni serán menospreciados. Su paciencia franciscana ha convertido la organización en una sucursal del afecto. Sus terapias semanales son capaces de maquillar el silencio forjado por la timidez y la vergüenza de los recién llegados fomentando su autoestima, bajo un marco donde no te sientes huérfano de personalidad.

A los que padecemos una enfermedad cerebral se nos puede tachar de diferentes, minusválido, discapacitado, como carne de psiquiatra,… pero nunca como excluidos o inútiles.

Hace falta el olor a queso para atraer a los ratones

Los valores culturales de una sociedad moderna que enfatizan la eficiencia y la belleza física hacen que los discapacitados no puedan ejercer una ciudadanía completa y gozar de los derechos sociales específicos. A la hora de publicitar causas sociales resulta más efectivo y ético trabajar sobre la inteligencia que sobre la culpa.

Es fundamental que los líderes de opinión apoyen causas sociales. Trastorno Bipolar Organización-Foro de Salud Mental fue capaz de lanzar una campaña con diferentes líderes de opinión, con el objeto de concienciar a la audiencia civil acerca del estigma que generan las enfermedades mentales.

Personajes de la farándula, músicos reconocidos, actores de cine y televisión se presentaban a la sociedad encorsetados en camisas de fuerza. El sentido del humor y la inteligencia del espectador impregnaban la estrategia de marketing social llevada a cabo, la cual contaba con una banda sonora particular: la primera pieza musical grabada en España cuya letra se inspira en la enfermedad bipolar.

Es justo mencionar la tarea solidaria que desempeñan los líderes de opinión. Como el caso de mis amigos Teo Cardalda y María Monsonis, Cómplices. De la mano de la FUNDACIÓN CÓMPLICES organizan conciertos para sacar dinero y mandarlo a la congregación Caridad de Santa Ana, unas monjas españolas que están en la India y que facilitaron la adopción de su hija Maya. Continuamente María, que es el motor de toda esta historia, les llevará el dinero recaudado en los últimos conciertos.

El efecto de la campaña de sensibilización fue el deseado. La complicidad de los líderes de opinión congregó una respuesta social cualitativa y cuantitativamente eficaz y eficiente. La puesta en escena de la campaña de sensibilización fue ajena a cualquier tipo de subvención. Sólo la generosidad de los líderes de opinión, junto con un golpe de efecto rebelde, fueron más que suficientes. A pesar de incomodar a unos cuantos cibercondríacos. Pero como dice mi admirado rapero Porta, cuyo último disco lleva por título *Trastorno bipolar*, "Me suda por los poros, lo que de mí digan los foros".

A los británicos se les ocurrió una idea parecida.

El ex primer ministro británico Winston Churchill, de cuya persona existen ya múltiples estatuas, apareció por primera vez atrapado en una camisa de fuerza, a iniciativa de una asociación caritativa que trabaja en la lucha contra las enfermedades mentales. Rethink, la ONG que tuvo la idea de colocar esta nueva estatua de Churchill en el centro de Norwich (este de Inglaterra), eligió este gesto provocador para "dar una imagen más positiva de las personas que sufren una enfermedad mental", subrayando que Churchill había sufrido depresiones durante mucho tiempo. "Creemos que acabar con la imagen negativa que hay sobre los enfermos mentales es una prioridad nacional", dijo un portavoz de Rethink. Sin embargo, la elección de Churchill, primer ministro británico de 1940 a 1945 y de 1951 a 1955, ha sido mal acogida por sus defensores, quienes consideran que esta estatua degrada un monumento nacional.

Cuando hoy en día se dice algo siempre acabas molestando a alguien, o dicho de otro modo, si cuando has dicho algo no has molestado a nadie es como si no hubieras dicho nada.

La estrategia basada en golpes de efecto de sendas campañas de sensibilización tuvo mucho éxito entre la gente de a pie. Lo que se tradujo en una mirada social ajena al morbo, victimismo o paternalismo típico de las escenas estándar de comunicación.

¿Te crees todo lo que te cuentan?

El estigma social, basado en prejuicios y tópicos, impide la total recuperación del enfermo mental y lo mantiene aislado en su enfermedad. Por culpa del qué dirán, a veces no te queda otro remedio que vestirte *del color de la calle* para que nadie se fije en tu aspecto.

La percepción social de la enfermedad esta sesgada por el desconocimiento y la desinformación, elementos que influyen sobremanera en el aislamiento de las personas que la padecen, haciéndonos creer que la enfermedad es una losa demasiado pesada de la que podremos sobreponernos. La comunidad social manifiesta una actitud natural ingenua que nace, en muchas ocasiones, alimentada por los *mass media* (medios de comunicación de masas). Un día cualquiera le invito a que haga *zapping* en todos los canales en abierto que recoge su televisor. Si se decide, le animo a que efectúe tal experimento un viernes o un sábado por la noche, lo que en lenguaje de marketing se define como *prime-time* (horario de máxima audiencia). En esta franja horaria se suele reunir toda la familia y en ocasiones puntuales pueden congregarse delante de la "caja tonta" millones de espectadores. Estoy convencido de que, seguramente, habrá mostrado curiosidad por la entrevista deformada que le hacen a una famosa peluquera que se ha intentado suicidar con detergente. Que le ha despertado cierta expectación las peripecias de un conocido actor que ha intentado asaltar el despacho de abogados que lleva sus asuntos con una pistola de juguete. En ambos casos, la enfermedad mental ha sido la palanca de atracción para ensimismar a la audiencia. Si no le gustan los programas del corazón, intente ver una serie de éxito, por ejemplo *Men-*

tes criminales. ¡Qué casualidad! El malo siempre escucha voces o no ha tomado la medicación. Que se aburre, alquile una película o reserve una entrada en el cine. Seguramente hay algún largometraje en parrilla cuyo argumento cinematográfico se inspira en los delirios y alucinaciones de un psicópata.

El término "telebasura" viene dando nombre a un formato televisivo caracterizado por explotar el morbo, el sensacionalismo y el escándalo como herramientas de seducción. La telebasura se define por los asuntos que aborda, por los personajes que exhibe y coloca en primer plano y, sobre todo, por el enfoque distorsionado al que recurre para tratar dichos asuntos y personajes. La estigmación es casi siempre inconsciente, basada en erróneas concepciones sociales arraigadas en la percepción colectiva. El imaginario mediático se encarga, sin medir las consecuencias, de profanar los procesos de integración del enfermo, encasillándolo bajo predisposiciones emocionales negativas, tales como, por ejemplo, que una persona con esquizofrenia es violenta e impredecible o que un individuo con depresión es un vago o débil de carácter. El sujeto con una enfermedad cerebral grave está expuesto a un juicio social gratuito donde los estereotipos y los prejuicios se dan la mano. Las repercusiones relacionales entre quien estigmatiza y el sujeto estigmatizado dan lugar a la exclusión global y acentúan la autoexclusión. Una vez que la sociedad, los *mass media*... subrayan, focalizan, se regodean solamente las diferencias, resulta muy difícil que el sujeto sea aceptado de manera natural.

Los sentimientos de vergüenza que desencadena toda enfermedad cerebral, entre quienes la padecen y su círculo afectivo desaniman al tratamiento especializado del enfermo, que tira la toalla y se retira de la vida social y productiva.

El efecto *framing* como génesis del estigma contemporáneo

Analizar los efectos mediáticos de la comunicación, sea cual fuere el soporte que la emita (prensa, radio, televisión, cine, internet...), ante la sociedad civil supone canalizar la percepción de la audiencia hacia los contenidos explícitos e implícitos de los mensajes informativos expuestos.

Vivimos en un momento mediático donde un telediario dedica tres minutos al peinado de Cristiano Ronaldo y solamente sesenta segundos a una noticia social. Los telediarios se confunden con la publicidad. Las tertulias están plagadas de *opinadores compulsivos* que valoran injustamente la trasgresión convirtiendo la informalidad en falsa imaginación y dinamismo, dentro de un contexto en tecnicolor donde nada produce más entusiasmo que la catástrofe.

Los medios juegan un papel clave en la consolidación de la opinión pública a través del enfoque de los acontecimientos y los distintos temas que presentan al espectador. Se convierten por aclamación popular en pseudonotarios y cronistas de la actualidad. Joseph Goebbels, ministro de Propaganda nazi, dijo: "*Una mentira repetida más de cien veces puede parecer la verdad más absoluta, sobre todo si se adorna de manera tendenciosa*".

Es fácil manipular a alguien que no se da cuenta de que está siendo manipulado.

¿Qué ocuparías primero después de dar un golpe de Estado?

¡LOS MEDIOS DE COMUNICACIÓN!

Repetir hasta la saciedad comportamientos antisociales que apuntan a todo enfermo psíquico conduce a la generalización, fabricando una discriminación estructural y excesivamente simplista del colectivo. Grabando a fuego la etiqueta de locos y peligrosos. Es imprescindible el auxilio de los medios de comunicación de masas (*mass media*) para crear una corriente de opinión favorable apta para minimizar la desventaja social del colectivo.

El concepto de *frame* (marco/enfoque premeditado del mensaje a difundir) aporta nuevos caminos en el análisis de los mensajes mediáticos y de la relación entre los medios y la audiencia civil. Aspectos analíticos de capital importancia para conocer la repercusión e interpreta-

Efecto FRAMING ────► ENFOQUE del MENSAJE

PLANTEA ── ... Que la elaboración de un mensaje influye en los pensamientos y acciones de la audiencia de forma activa

ción que la sociedad dispensa a todos aquellos mensajes alimentados por las enfermedades mentales. A continuación, se describe su definición así como su transcendencia en la opinión pública.

El término *framing* tiene su origen en el área de la sociología, cuando autores como Goffman plantean que la propia organización de un mensaje influye en los pensamientos y acciones de la audiencia de forma activa. Según el efecto *framing* todo receptor de un mensaje mediático tiende a darle un significado determinado por la cultura, política, religión y otras connota-

ciones sociales propias de su entorno. Goffman se hace eco de la relevancia cognitiva que supone tener esquemas de interpretación que nos ayuden a localizar, percibir, identificar y etiquetar el mundo cotidiano que vivimos.

Los estudios clásicos de *framing* vinculados a la comunicación se centran en los análisis de toda información propagada a través de los soportes mediáticos más convencionales (prensa escrita, televisión y radio). El más común es el estudio de los editoriales de periódicos, cuya evaluación se concentra en encontrar fundamentos empíricos al planteamiento inicial de la información que bautiza el mensaje (contenido informativo) y descubrir, de esta manera, el encuadre-*frame* dominante a través del cual se presentaban las noticias.

Los resultados de estas investigaciones fueron de especial interés a la hora de definir el *framing* como un proceso que selecciona ciertos aspectos de la realidad, dando mayor relevancia en un texto, de tal manera que se promueve la definición particular de un problema, la interpretación causal, la evaluación moral y el tratamiento recomendado para ese hecho concreto.

Los *news framing* o enfoques informativos son el resultado del proceso a través del cual los medios de comunicación seleccionan de forma premeditada

laverdad.es

| Portada | Local | Deportes | Más Actualidad | Multimedia | Ocio | Participación | Servicios |

Estás en: La Verdad > Local > Región

EMPLEO Y SOSTENIBILIDAD

PARRICIDIO EN SANTOMERA

El psiquiatra López-Ibor cuestiona que el parricida de Santomera sea esquizofrénico

El director del Instituto de Psiquiatría y Salud Mental del Hospital Clínico San Carlos, que ha participado junto a otros especialistas en el IV Simposio Internacional sobre los trastornos depresivos, ha señalado en rueda de prensa que "está por demostrar que el presunto parricida sea un enfermo mental grave"

determinados aspectos de la realidad percibida, contribuyendo de este modo a darle una interpretación y una evaluación concreta, y mayor relevancia que a otros que se invisibilizan.

Los ejemplos periodísticos que aparecen en el texto hablan por sí solos del enfoque informativo que bautiza la información.

Teniendo en cuenta que las noticias no sólo informan de un conjunto inconexo y aleatorio de acontecimientos sino que suele haber un tema organizador que encuadra los hechos, utilizaremos el concepto de *news frame/enfoque informativo*. Estos encuadres hacen referencia al enfoque que el emisor (medio de comunicación) hace del tema y al tratamiento del acontecimiento informativo. Los experimentos realizados con diferentes enfoques informativos sobre un mismo tema llegan a la conclusión de que se puede modificar la interpretación que los ciudadanos hacen de la noticia y la evalua-

lavozdigital.es   versión para móvil   Hemeroteca | B

| Portada | Local | Deportes | Más Actualidad | Multimedia | Ocio | Participación | Servicios |

Estás en: La Voz Digital > Más Actualidad

EL COMENTARIO

El parricida era esquizofrénico

Un hijo degolla a su madre y los psicólogos dicen que eso pasa por no poder controlar el tratamiento pertinente desde que a los manicomios se les consideró pasados de moda. Así fue. La antipsiquiatría devolvió a las familias, cuando no a la dura calle, a personas perturbadas que al final nadie siguió controlando. Mientras tanto, ¿a quién correspondía proteger a la madre de ese joven que la había amenazado varias veces de muerte? La permisividad de los cambios sociales tiene parte de responsabilidad y los escrúpulos desmesurados de una justicia garantista. La oscilación del péndulo ha consistido en delegar a la sociedad todos los males eximiendo de toda responsabilidad al individuo culpable de la trasgresión.

EL●MUNDO

Sábado, 29 de marzo de 2003. Año XV. Número: 4.862.

| CIAS | TU CORREO | SUPLEMENTOS | SERVICIOS | MULTIMEDIA | CHARLA |

Todo tiene sus límites (Horacio)

CATALUNYA

MATO A SU MUJER POSEIDO POR LOS CELOS

Rebajan la pena a un asesino porque actuó deprimido

BARCELONA.- El tribunal popular ha dictado veredicto de culpabilidad para el marido acusado de asesinar a su mujer tras descubrir que ejercía la prostitución y que tenía amantes. Los nueve miembros del jurado decidieron por unanimidad que Boris Mauricio T.A.es culpable de un delito de asesinato, aunque apreciaron varias circunstancias atenuantes.

El tribunal popular ha estimado que el acusado tenía las «facultades levemente alteradas» por «la depresión y la obsesión» motivadas por las infidelidades de la víctima. Además, también ha valorado como atenuante que el agresor se entregó de forma voluntaria a la policía tras cometer el crimen, por lo que se le aplicará una atenuante de arrepentimiento espontáneo.

La fiscal solicitó una condena de 17 años de cárcel para el acusado por asesinato y atenuantes, y la acusación particular 17 años y medio de cárcel por el mismo delito. Por su parte, la letrada de la defensa solicitó una pena de seis años de cárcel. Los hechos sucedieron la madrugada del 15 de mayo de 2001, en el domicilio conyugal.

ción de la misma a través de los enfoques o marcos de referencia cognitiva.

Diversas investigaciones ponen de manifiesto que un cambio en los enfoques contribuye a modificar la evaluación e interpretación que hacen los ciudadanos sobre la información. Es preciso que todas las misivas que tengan que ver con la enfermedad mental gocen de un protocolo de exposición que no genere interpretaciones tendenciosas.

Es imprescindible mencionar que existen fundamentalmente dos corrientes relacionadas con la investigación sobre los enfoques informativos. Un enfoque genérico de los encuadres (*generic approach*) y un enfoque temático concreto (*issue-approach*). Por ejemplo, entre los estudios de *framing* directamente relacionados con la inmigración se llega a la conclusión de que los encuadres sobre la inmigración no sólo influyen en la posición individual sobre el tema, sino que también pueden contribuir a activar estereotipos étnicos y raciales que ya estaban en parte reconfigurados en el esquema cognitivo de ese receptor.

Para probar la hipótesis escribieron sobre los mismos hechos noticiosos una noticia desde un *frame* ético y otra desde uno de conflicto. Los resultados demostraron que cuando se emplea un enfoque ético no existía una correlación significativa entre las percepciones raciales y una postura de oposición a la inmigración. Sin embargo, cuando la historia empleaba un encuadre de consecuencias, existía una correlación entre la percepción de los latinos como violentos y una postura de oposición a la inmigración.

La capacidad de los medios para llegar a públicos masivos hace que se considere prioritario profundizar de manera responsable en los encuadres que la audiencia considera tras su exposición ante ellos.

La inmigración es un hecho social presente en todos los países de la Unión Europea, entre ellos España, donde en los últimos años su aumento poblacional extranjero ha ido unido a un incremento de las actitudes perjudiciales hacia la inmigración. El tratamiento informativo (*framing*) que los medios de comunicación hacen de esta realidad puede tener una alta influencia en las opiniones y actitudes mantenidas por la opinión pública hacia la inmigración. Ello hace necesario el estudio del tipo de cobertura que en los últimos años han dado la prensa y televisión españolas, como medios informativos de mayor audiencia, a los inmigrantes y la inmigración a través de sus noticias. Para ello, se realizó un análisis de contenido de las noticias aparecidas en las principales cadenas de televisión y periódicos españoles durante el año 2004 que permitiera comprobar las hipótesis de investigación planteadas en el estudio. En este sentido, se observó que la mayoría de las noticias que daban cobertura informativa a la inmigración solían tener un carácter negativo y estaban emplazadas dentro de la sección de nacional o sociedad. Además, los datos permitieron observar un tratamiento polarizado entre las noticias positivas, que presentaban la contribución económica de los inmigrantes, y las negativas, que vinculaban en mayor medida la inmigración con aspectos negativos como la violencia, siendo además este el encuadre noticioso dominante. En último lugar, se observó una falta de contextualización temática en las noticias analizadas, con una especial predominancia de la televisión.

Sirva de muestra el ejemplo de la inmigración para extrapolar su significado a la exposición mediática de las enfermedades mentales. Las enfermedades mentales siguen siendo, significativa y socialmente, poco conocidas. El sentir general de la sociedad entiende la enfermedad psíquica como un síntoma de fragilidad o sentimiento de culpa de la persona que la padece. Un importante segmento de la sociedad comulga a diario con una patología que altera sus relaciones con terceros, sus tareas laborales, su formación, etc.

A diferencia de lo que se magnifica en los medios de comunicación, la mayoría de las personas con enfermedad cerebral pueden cohesionarse en grupos sociales, siempre y cuando cuenten con el tratamiento y soporte social básicos en un estado de bienestar que se precie como tal. Los pronósticos a largo plazo indican que una de cada tres personas precisará a lo largo de su vida asistencia por algún tipo de enfermedad psíquica, pero los pacientes y su círculo afectivo siguen condenados a diferentes estereotipos que dificultan, sobremanera, el diagnóstico precoz, el auxilio farmacológico propio de un tratamiento adecuado, así como el disfrute de políticas sanitarias y sociales, en igual condiciones que el resto de ciudadanos. A pesar de notarse en el ambiente social ciertos cambios en cuanto a la integración del enfermo psíquico estos siguen siendo víctimas directas de la discriminación, al abrigo de un torpe conocimiento de la realidad de la patología mental. El simple hecho de asistir a la consulta de un profesional en psiquiatría supone ciertas percepciones sobre la personas, por lo que suelen ocultarlo. La invisibilidad de la enfermedad se torna más radical en aquellas personas que llevan a cabo tareas de responsabilidad. La sensación de inutilidad junto con la sospecha bombardea la angustia en mujeres que desean tener o adoptar un hijo. Los enfermos psíquicos se instalan en la vida social, por la puerta de atrás, a expensas de ser aceptados.

Interpretaciones erróneas perjudicaron durante siglos a las personas que padecieron enfermedades mentales, desde su asociación con la posesión demoníaca o inspiración divina de la Anti-güedad hasta el nazismo, que los proclamó indignos de vivir, y hasta hace pocas décadas vivieron aislados de la sociedad, encerrados en asilos o manicomios. Mendicidad, problemas de desempleo y desestructuración familiar son el caldo de cultivo para numerosas patologías psiquiátricas. Tradicionalmente, se ha tendido a rechazar y a marginar a los pacientes psiquiátricos porque la enfermedad los conduce, a veces, a cometer actos extravagantes e incluso violentos. Sin embargo, suelen ser mucho más víctimas que verdugos.

La sociedad civil asocia inevitablemente la esquizofrenia y otros trastornos mentales con los actos violentos e incontrolados, cuando de los aproximadamente 1.000 homicidios que cada año se cometen en España los enfermos mentales sólo son responsables de 10. Estudios científicos muestran que apenas un 3% de los esquizofrénicos cometen delitos con agresión y suelen ser personas que no están tratadas y sin familia.

Continuando con el perfil que define al enfermo mental "sin techo" que deambula por las calles madrileñas, cabe citar que más de la mitad de los casos (52,7%) son diagnosticados de esquizofrenia, el 13,6% de etilismo y el 11% de trastornos de la personalidad. La propia enfermedad mental del indigente sumado al consumo de tóxicos supone uno de los principales motivos de exclusión que plantea este grupo marginal de población, mucho más numeroso en los núcleos urbanos que en el medio rural.

Hoy por hoy se puede hablar de grandes avances a la hora de abordar la patología mental en distintos escenarios mediáticos; no obstante, conviene señalar que aún hay *enfoques/framing negativos* que perpetuán estereotipos. Acto seguido, se citan algunos ejemplos de *enfoques/framing negativos* que se siguen utilizando a la hora de abordar la salud mental y sus consecuencias sociales. Los ejemplos expuestos han sido tomados del excelente trabajo elaborado por FEAFES (Confederación Española de Agrupaciones de Familiares y Enfermos Mentales) y denominado *Salud Mental y Medios de Comunicación Guía de Estilo.*

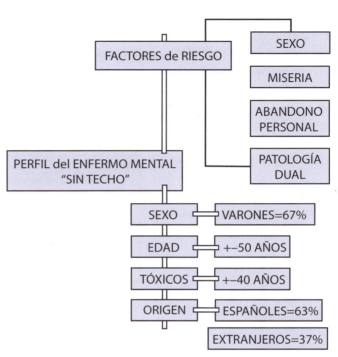

Fuente: "Programa de Atención Psiquiátrica de Enfermos Mentales de la Comunidad de Madrid/2007"

PERPETUACIÓN DE PREJUICIOS Y CONCEPCIONES ERRÓNEAS

Más de 800.000 españoles sufren trastorno mental

Los familiares de enfermos piden a Sanidad un Plan de Salud Mental y hablan de 'estigma' social

Un ejército de 800.000 personas deambula por el país viviendo dos vidas, la real y la imaginaria. No son dueños de su razón y sufren de más. Hoy son los enfermos mentales, los locos de antes (...) 25.000 familias de gente con problemas, a veces incapacitantes para la vida moderna (...) Unos 300.000 españoles sufren esta psicosis sin cura, condenada a la medicación de por vida y con una sentencia de muerte social (...)

Sin duda, una noticia como esta no contribuye en absoluto a normalizar la imagen de la enfermedad mental ante la sociedad, sino que está reproduciendo exactamente los tópicos que deben romperse por ser absolutamente erróneos y falsos.

Como esta, en otras noticias parece que el periodista no se haya documentado ni haya recurrido a distintas fuentes de información, como seguramente haría con cualquier otra temática, y se ha limitado a reproducir los falsos tópicos de la sociedad, reforzando de esta manera una visión estigmatizadora de la enfermedad mental.

EJEMPLOS DE ENFOQUES/FRAMING NEGATIVOS

- PERPETUACIÓN DE PREJUICIOS Y CONCEPCIONES ERRÓNEAS
- TITULARES ALARMISTAS O MORBOSOS
- ETIQUETACIÓN DE PERSONAS SUSTANTIVANDO SU CONDICIÓN
- IMÁGENES NEGATIVAS Y POCO NORMALIZADORAS
- CONFUSIONISMO EN LA TIPIFICACIÓN DE DISTINTAS ENFERMEDADES
- POCA PRESENCIA DEL COLECTIVO COMO FUENTE DE INFORMACIÓN
- VINCULACIÓN ENTRE VIOLENCIA Y SALUD MENTAL
- USO INAPROPIADO DE TÉRMINOS DEL ÁMBITO DE SALUD MENTAL EN OTROS CONTEXTOS

TITULARES ALARMISTAS O MORBOSOS

A menudo en los titulares se suele sintetizar la información de manera incorrecta y simplista, y algunas veces cobran un carácter alarmista y morboso.

La falta de medios impide controlar a los internos del psiquiátrico

ETIQUETACIÓN DE PERSONAS SUSTANTIVANDO SU CONDICIÓN

Existen modelos de titulares que al vestir la noticia optan por etiquetar a los individuos con una enfermedad mental, sustantivando su condición.

Los maníacos-depresivos unen sus fuerzas contra el rechazo social

En cambio, en el cuerpo de la noticia se lee: *Un grupo de 14 personas afectadas por el denominado trastorno bipolar, enfermedad anteriormente conocida como trastorno maníaco-depresivo, ha decidido...*

IMÁGENES NEGATIVAS Y POCO NORMALIZADORAS

Las ilustraciones o imágenes presentadas en los medios donde aparecen personas con enfermedades mentales suelen presentarlos en actitudes pasivas, sin ningún tipo de interacción social, transmitiendo sensación de lástima, soledad, aislamiento, etc. Son frecuentes las fotos de personas con la mirada perdida, tendidos en el suelo tapándose la cara o en largos pasillos oscuros con luz al final.

CONFUSIONISMO EN LA TIPIFICACIÓN DE DISTINTAS ENFERMEDADES

En general, también se puede observar que existe un notable confusionismo en lo que respecta a la tipificación de las enfermedades y frecuentemente se mezcla información de salud mental con otros tipos de discapacidad y enfermedades.

El trato de la salud mental en los medios a debate

El 2003 ha sido declarado el año europeo de las personas con discapacidad. Pero mientras las barreras arquitectónicas que dificultaban la movilidad de los discapacitados físicos en las ciudades van cayendo poco a poco, el muro que separa a los discapacitados intelectuales del resto de la sociedad parece que se resista a ceder (...)

Este artículo de fondo viene ilustrado con una foto de una persona con Síndrome de Down y otra con una tetraplejia.

POCA PRESENCIA DEL COLECTIVO COMO FUENTE DE INFORMACIÓN

En muy pocas ocasiones la información proviene directamente de personas con enfermedad mental. Ocasionalmente puede venir de asociaciones de familiares o de psiquiatras y psicólogos de hospitales. Pero mayoritariamente el origen de las noticias suelen ser instituciones públicas y del mundo médico-científico.

VINCULACIÓN ENTRE VIOLENCIA Y SALUD MENTAL

Es bastante frecuente encontrar noticias relacionadas con sucesos violentos en las que se cita que el acusado (o presunto autor) padece una enfermedad mental. Algunos ejemplos de titulares son:

El acusado de matar a su mujer estaba trastornado
Un septuagenario muere por los ladrillazos que le dio un perturbado

Este tipo de noticias son insertadas en la sección de sucesos, con lo que aparecen mezcladas con otras noticias relacionadas con agresión, violencia, actos ilegales, etc. Suelen incluir en el titular la circunstancia de la dolencia del implicado, por lo cual cobran un carácter morboso que contribuye a captar más la atención del lector. Son noticias breves en las que la información se sintetiza de manera incorrecta, de forma que queda simplificada y se pierden datos relevantes. La omisión de cierta información hace que esta esté sesgada, con lo que se mantienen los prejuicios. Por ejemplo, no se suele profundizar en el estado de la persona con enfermedad mental (si estaba bajo tratamiento, siguiendo la medicación, etc.).

Este tipo de noticias, por un efecto de correlación ilusoria, hace que se perpetúen ideas como que las personas con un trastorno mental son violentas, agresivas y peligrosas, y que actúan de forma irracional, lo que está comprobado que es falso. En otros casos se confunden las causas reales de una agresión o conducta violenta relegándola a un problema psiquiátrico cuando muy probablemente sean problemas socioeconómicos, violencia de género, educacionales, etc.

USO INAPROPIADO DE TÉRMINOS DEL ÁMBITO DE SALUD MENTAL EN OTROS CONTEXTOS

Es frecuente encontrar noticias que no hacen referencia directa a la salud mental, especialmente en artículos de opinión o en sección de deportes y cultura (donde la línea divisoria entre información y opinión no es tan precisa), que usan elementos y terminología del campo médico para describir situaciones, personas o cosas que no tienen nada que ver. Por ejemplo, el caso de la esquizofrenia se usa a menudo para adjetivar una situación caótica, irracional, extravagante, etc.

(...) Sinceramente, creo que los americanos han decidido cambiar de proveedor energético, y no van a permitir que nadie compita con ellos por el control de Irak .Y si no es así, discúlpenme la esquizofrenia.

(...) Viajar a EEUU es cada vez más complicado. La psicosis en los aeropuertos ha dado otra vuelta de tuerca con las nuevas medidas de seguridad (...)

Seguro que se pueden encontrar muchas otras expresiones que transmitan el mismo significado. En estos casos, el uso inapropiado y peyorativo de estos términos hace que las personas que sufren estos trastornos puedan sentirse ultrajadas, a la vez que en muchas ocasiones contribuye a perjudicar la imagen social de las personas con un trastorno mental.

Decálogo semántico responsable

I. ACENTUAR EL CONOCIMIENTO SOCIAL DE LAS PATOLOGÍAS

- Informar con exactitud sobre conceptos y términos.
- No crear confusión ante la audiencia o una evidente desinformación acerca de conclusiones científicas que definen las patologías mentales.
- Asegurarse de la veracidad del mensaje y medir sus consecuencias sociales de manera objetiva.
- Ejecutar un ejercicio de contraste informativo.
- Potenciar los comunicados del colectivo afectado.
- Huir de mensajes simplistas o reduccionistas.

II. GENERAR UNA VISIÓN ABIERTA A LA INTEGRACIÓN

- Transmitir una visión positiva de la enfermedad cerebral.
- Dedicar más peso informativo a las soluciones y minimizar las limitaciones propias del colectivo.
- Enfatizar las facetas positivas, las potencialidades y los logros que pueden contribuir a una vida en sociedad.
- Mostrar a la persona con enfermedad mental en sus múltiples facetas de convivencia, sin sobredimensionar el hecho de que padezca una enfermedad mental, ni en lo negativo ni en lo positivo (no entronizar a personas fuera de serie, sino más bien enfatizar los logros ordinarios).

III. VISIÓN DE CONJUNTO AJENA A LA FOCALIZACIÓN

- La exposición del colectivo debe ser global.
- Huir de la focalización o el efecto unidimensional del colectivo que invisibiliza sus méritos.
- Aportar otras características sociales normalizadas que avalen su cohesión.
- Hacerse eco de sus logros de manera ajena al paternalismo o sorpresa, como una evidencia constatada y lógica.

IV. NO ESTABLECER AGRAVIOS COMPARATIVOS CON OTRAS ENFERMEDADES

- Establecer un paralelismo comunicacional equiparable a otras enfermedades.
- Exponer al enfermo a situaciones cotidianas de la comunidad: ocio, vida doméstica, trabajo…
- Generar una imagen verosímil que resulte natural.

V. EVITAR LA EMISIÓN DE ARGUMENTOS SENSACIONALISTAS Y PROMOVER OTROS AJENOS A LA CARIDAD ASISTENCIAL

- Toda misiva mediática que se vista de paternalismo relega a una autoexclusión del enfermo que se siente minusvalorado injustamente.
- El ejercicio de la compasión, lejos de generar la asimilación por derecho propio, tiende a una inclusión velada que no reconoce los méritos del sujeto que padece la enfermedad y despoja las habilidades reales del afectado. Se siente aceptado por lástima, compasión, no por sus derechos y valía personal o profesional.
- Los medios de comunicación deben comunicar a la audiencia civil los derechos y necesidades que el estado de bienestar otorga al colectivo, denunciando las acciones que pudieran abortar su calidad de vida.

VI. POTENCIAR LA INTERVENCIÓN DEL COLECTIVO

- Recabar puntos de vista del propio colectivo, al objeto de conocer de manera directa su *modus vivendi*.
- Evitar intermediarios, voces indocumentadas…, que puedan desvirtuar los escenarios de convivencia.
- Desterrar argumentos facilones que conducen a estereotipos y prejuicios. Contando para tal labor de desintoxicación con los verdaderos protagonistas.

VII. ANULAR CON AXIOMAS PERIODÍSTICOS PREJUICIOS Y MIEDOS ANCESTRALES

- Alejarse del rosario de prejuicios que condenan la enfermedad mental para alimentar una noticia.
- Facilitar una información más inteligente y acorde con la realidad del enfermo, cuya cohesión con el grupo puede verse intoxicada por la exposición reduccionista de su patología.
- Generar tratamientos de choque para desmantelar los tópicos que siguen instalados en la mentalidad colectiva.

VIII. TRATO EXQUISITO DE LA SALUD MENTAL EN LA CRÓNICA DE SUCESOS

- Huir de la vinculación errónea habida entre la enfermedad mental y la violencia.
- Hacerse eco de todos aquellos datos que por su especial relevancia permitan sino disculpar el delito, al menos, entender el fatal desenlace de una manera ajena a la generalización violencia–salud mental.
- No relegar la causa de un acto violento o delictivo a una enfermedad mental.
- Hacer hincapié en que las personas con problemas psíquicos tienen la misma posibilidad de cometer un acto delictivo que cualquier otra persona.
- Concebir una puesta en escena que describa los hechos de manera

objetiva, sin aventurarse a prejuzgar la causa del delito a una enfermedad mental.

- No someterse a la simplificación excesiva en el análisis del suceso aportando otras variantes que pudieran incurrir en la causa del acto delictivo.

IX. USO RESPONSABLE DEL LENGUAJE

- Evitar el uso incorrecto de adjetivos o el uso gratuito de palabras que puedan alimentar las percepciones negativas del enfermo.
- Decidir si es conveniente omitir, por irrelevante, la enfermedad del sujeto.
- En caso de desvelar la enfermedad del sujeto, evitar encasillar negativamente la patología.
- Establecer una misma forma de difundir el mensaje similar a la hora de citar otras enfermedades.
- Obviar la terminología psiquiátrica en un contexto distinto, y menos aún cuando esta adquiere un significado negativo o peyorativo.

X. TENER EN CUENTA QUE LAS ENFERMEDADES MENTALES SON INVISIBLES

- Elección adecuada y cuidadosa de las imágenes que ilustran las informaciones sobre personas con problemas psíquicos.
- No caer en la tentación de exhibir imágenes que pueden potenciar en el espectador percepciones negativas del enfermo y que pueden servir de etiqueta general.

- Intentar publicar imágenes ajenas al victimismo y cargadas de normalidad.
- Proceder a la exposición de momentos fotográficos donde se reflejen situaciones comunes al resto de la sociedad: trabajando, paseando en familia, estudiando…

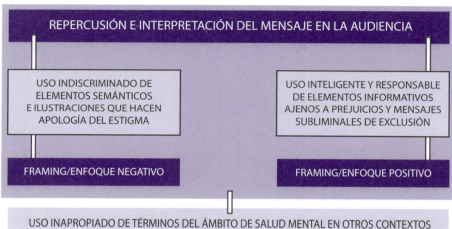

Por último, y como cierre al tema del efecto *framing* como génesis del estigma contemporáneo de las patologías mentales, se exponen a continuación dos bloques significativos extraídos de la *Guía de Estilo* elaborada por FEAFES (Confederación Española de Agrupaciones de Familiares y Enfermos Mentales)

Inspirándonos en la *Guía* antes citada, extrapolamos su contenido bajo el punto de vista en cuanto a repercusión e interpretación del mensaje que de ordinario pueden trasmitir los medios de comunicación de masas.

Para tal labor hemos etiquetado dos bloques diferenciados, cuya clasificación da a conocer los *framing/enfoques negativos* y los *framing/enfoques positivos*.

Como se puede observar en la viñeta adjunta, se presentan un conjunto de *framing* o enfoques de los mensajes que pueden alentar a una visión menos catastrofista de la enfermedad cerebral.

Igualmente, se presenta una breve clasificación de *framing/enfoques negativos* cuyo uso puede estigmatizar al colectivo, designándole una serie de características del comportamiento o etiquetas que marcan simbólicamente al afectado, y que generan prejuicios y discriminación social.

FRAMING POSITIVO

SÍ **Referirse a una persona diagnosticada con un transtorno mental como:** Persona con enfermedad mental/con problemas de salud mental.

SÍ **Referirse a una persona diagnosticada con un transtorno mental específico:** Persona con/que tiene esquizofrenia, depresión, etc.

SÍ **Referirse en general a la salud mental:** Salud mental, enfermedad de salud mental, problemas de salud mental.

SÍ **Referirse a los centros de atención:** Centro de salud mental/centro de día/centro de rehabilitación.

SÍ **Referirse a los ingresos psiquiátricos como:** Ingreso hospitalario en...

SÍ **Mencionar los problemas de salud mental en el** titular solamente cuando es imprescindible **para entender correctamente la noticia**.

SÍ **Mencionar los problemas de salud mental en la** noticia solamente cuando sea necesario para entender correctamente el hecho, **especialmente cuando éstos puedan relacionarse con un hecho negativo**.

SÍ **Ilustrar las informaciones sobre salud mental con el** material gráfico adecuado: la mayoría de estas enfermedades son invisibles.

SÍ **En noticias relacionadas con sucesos violentos limitarse a** describir los hechos directamente observables (**sin aventurarse a prejuzgar la causa del hecho a una enfermedad mental**) **o bien llegar** a mostrar sus circunstancias contextuales y factores causales sin relegar la enfermedad como única causa.

SÍ Fuera del contexto de salud (**tratando otros temas**) **describir situaciones, cosas o personas con** adjetivos **como**: caótico, irracional, extravagante, apasionado, espectacular **o triste, hambriento, etc.**

SÍ Rectificar sin demora y al mismo nivel y eco **aquellas informaciones que hayan perjudicado los derechos de las personas o asociaciones del ámbito de la salud mental o su imagen pública**.

FRAMING NEGATIVO

NO Términos ofensivos, inexactos y anticuados que perpetúan la ignorancia y conducen al estigma: **enfermo mental, trastornado, perturbado, psicópata, loco**.

NO Términos que etiquetan a los individuos sustantivando su condición: **esquizofrénico, depresivo, maníaco, anoréxica, psicótico**.

NO Términos que enfatizan la parte negativa y condiciones severas: **enfermedades mentales/psiquiátricas**.

NO Términos anticuados y ofensivos: **manicomio, psiquiátrico**.

NO Términos inadecuados que contribuyen a la estigmatización: **reclusión, internamiento, encierro, ...**

NO **Titulares alarmantes o morbosos** que incluyen el tema de salud mental de manera gratuita para captar la atención del lector.

NO Mencionar los problemas de salud mental si estos **no son relevantes para la correcta comprensión del hecho noticioso**.

NO Imágenes **que transmitan aislamiento social, improductividad o que despierten compasión o rechazo**. Imágenes de **otro tipo de discapacidades**.

NO **Omitir información o proporcionar información sesgada** que perpetúe falsos vínculos entre enfermedad mental y conductas violentas o ilegales.

NO Usar términos de ámbito médico como adjetivos en otros contextos: **esquizofrénico, paranoico, depresivo, anoréxico, etc.**

NO **Infravalorar** las reclamaciones de los **derechos de los afectados** ni el **poder de los medios para mantener y perpetuar concepciones erróneas** en la población.

Me niego a que hablen por mí

En páginas anteriores se ha expuesto de manera didáctica el efecto que los medios de comunicación pueden causar a la hora de informar sobre las patologías psíquicas. El significado estigmatizante de la comunicación es, sin duda, a todos los niveles y yo como enfermo soy cómplice pasivo de los atropellos semánticos que sobre mi identidad se manifiestan.

Debo decir que los citados comentarios no me impiden conciliar el sueño; a parte de la ayuda farmacológica, soy de los que piensan que no ofende quien quiere sino quien puede. Intento, aunque me cuesta, ser impermeable a toda ofensa. Darle una importancia excesiva al uso del lenguaje sin una pizca de humor inteligente significa proyectar una baja autoestima que no estoy dispuesto a digerir. No me molesta que me llamen loco mientras no añadan el apellido de *loco de mierda*.

Estoy acostumbrado a que terceros (instituciones, psiquiatras, psicólogos, familiares, periodistas, sociólogos, políticos…) hablen por mí, a que personas que conocen de oídas la enfermedad se atribuyan la autoridad de fijar unas normas de comportamiento para convivir, de escoger un piso de acogida decorado por trabajadores sociales, designarte unos compañeros de apartamento escogidos por personas que no se han molestado en preguntarme mis aficiones, mis gustos, formación, *hobbies*…

Estoy convencido de que en la medida que un afectado sea capaz de expresar sus sentimientos sin censura, sin sentirse agobiado por la vergüenza, sin pedir permiso a una asociación para comunicar sus inquietudes, cuando pueda discutir con un psicólogo, un psiquiatra, un asistente social sin estar a la defensiva, cuando desaparezca el estado de angustia permanente que provoca la incertidumbre de seguir percibiendo una pensión por incapacidad, existirá la verdadera libertad de expresión y tendrá mucho más efecto que una declaración de intenciones semánticas.

El no hablar de uno mismo es la forma más diplomática de ser hipócrita. Mi vocación no es la de ser un héroe sino la de ser feliz con mi enfermedad.

Los especialistas apuntan a que las enfermedades mentales no son el resultado de una personalidad débil o indisciplinada. Las causas suelen ser de origen biológico, psicológico y social. Pero aunque así fuera, ¿qué pasa? ¿Acaso no existen personas indisciplinadas que no están diagnosticadas? ¿Es malo ser sensible?

Debido a mi enfermedad he tenido que peregrinar por algún hospital de día y su aspecto simulaba una ciudad de ojos tristes levantada dentro de un paisaje capicúa, donde te pasas la jornada haciendo tiempo para cansar el reloj. Es común la presencia de "seguratas" que parecen pertenecer a esa clase de personas a las que sientes que les debes algo, y que guardan las distancias con una mezcla de frialdad y arrogancia. El lugar de recreo suele ser un habitáculo cubierto donde parece que hayan lavado las bombillas con café, y donde puedes leer revistas con cinco años de retraso que algún familiar dejo en la mesita de lectura. Con suerte, puedes leer el periódico del día si el o la funcionaria de turno ha acabado de leer el horóscopo, y siempre y cuando el "segurata" no insista en descifrar el sudoku. Los más veteranos están pegados a un cigarro de cualquier marca que apuran de forma compulsiva durante el periodo de tiempo que la institución ha instaurado al efecto y que acaba cuando escuchas las palmadas de las enfermeras o la voz grave de los celadores que dan por concluido el éxtasis de la nicotina.

Confío en que el lector no vea rencor en mis manifestaciones, mi sinceridad gramatical impide que siga al pie de la letra la *Guía de Estilo* propuesta por la FEAES. Es más, animo al cuerpo de funcionarios a promover una asociación compuesta por sus familiares más cercanos y ellos mismos. Apta para defender sus intereses y capaz de luchar contra el estigma y la mofa social de la que son objeto. Incluso podían adoptar las mismas siglas de la FEAES: **F**uncionarios **A**costumbrados a **Es**caquearse. Pretendo demostrar, con una pizca de humor y sarcasmo que todo colectivo puede ser objeto del estigma y blanco fácil para bromas ingeniosas que a veces se utilizan para criticar algo o para descubrir los aspectos negativos.

El reo mental: un revés en la sociedad del bienestar

Muchos de mis amigos han acabado en el manicomio del siglo XXI: la cárcel.
A ellos y a madres, como el caso de Pilar, dedico este capítulo.

Es evidente el aumento de reos que sufren una enfermedad cerebral en los centros penitenciarios de nuestro país. Semejante incremento de convictos es debido, entre otras causas, a la desaparición de los manicomios.

España es el país europeo con mayor número de reclusos en sus cárceles, y el 25% de ellos padece diferentes patologías psíquicas producidas por el consumo de drogas (patología dual). Además el 8% de la población reclusa padece una enfermedad mental grave y el 40% tiene trastornos mentales y de personalidad, aunque no sean imputables. Muchos de estos presos, con nombres y apellidos, no siguen ningún tratamiento en la calle una vez abandonan el presidio. Al salir de prisión no contactan con los equipos de salud mental y en contadas ocasiones existe coordinación entre los servicios médicos de las prisiones y los servicios de salud mental que la sanidad nacional o autonómica les otorga cuando no están privados de libertad. También son comunes los casos de personas que, recibiendo asistencia por parte de los servicios de salud mental al ingresar en prisión, ven anulado su proceso de estabilidad emocional por culpa, una vez más, de la falta de coordinación. No tienen un control farmacológico; si el reo tiene una familia que asuma la responsabilidad de facilitar la documentación médica, podrá ser asistido, pero en caso contrario podrá permanecer en prisión mucho tiempo sin ser tratado.

Si tampoco existe ninguna coordinación con los servicios sociales de la comunidad y no se trabaja desde la institución penitenciaria el regreso a la sociedad y a la propia familia del enfermo mental, resultará que cuando este termine su condena, sobre todo en aquellos casos en los que los carecen de apoyo familiar y respaldo económico, va a retornar a un submundo marginal y de subsistencia en la calle, donde además de los problemas de adicciones no sigue ningún tratamiento o medicación, por lo que la descompensación en sus enfermedades y la reincidencia en la comisión de delitos con la consiguiente entrada en prisión es una consecuencia lógica de la total desasistencia.

Se antoja conveniente analizar el tratamiento penal de todo presunto delincuente que padece un trastorno mental, esto es, una anomalía o alteración psíquica, para lo que se ha de partir de la delimitación de tres hipótesis diferentes:

a) La concurrencia de la anomalía o alteración psíquica durante la perpetración de los hechos base de la supuesta infracción penal.

b) La superveniencia del trastorno mental tras la comisión de los hechos pero antes del juicio.

c) La superveniencia de la anomalía psíquica tras la firmeza de la sentencia.

LA ENFERMEDAD MENTAL EN EL ORDENAMIENTO JURÍDICO

Para abordar de manera empática un tema tan delicado como la enfermedad mental en el ordenamiento jurídico tomo prestado el trabajo elaborado por Matilde García Brea, asesora do Valedor do Pobo. El espíritu que impregna su ponencia goza, a mi juicio, de una dosis de humanidad y autoridad moral indispensable a la hora de abordar estos temas.

En principio cabe preguntarse si el ordenamiento jurídico salvaguarda suficientemente los derechos de las personas que sufren enfermedad mental, entendiendo por esta, según la Organización Mundial de la Salud (OMS), "todo trastorno manifiesto de las funciones mentales, lo bastante específico desde el punto de vista clínico como para que pueda ser identificado con seguridad, refiriéndolo a un patrón claramente definido, y lo bastante grave como para que origine una pérdida de la capacidad profesional o de adaptación social en un grado tal que determina una ausencia del trabajo o la aplicación de medidas judiciales y sociales".

A lo largo de la historia la enfermedad mental ha sido objeto de preocupación y atención por parte de la ciencia jurídica, que establece desde tiempos muy remotos normas, instituciones y medidas específicas en ámbitos muy dispares, incidiendo paulatinamente y con más o menos acierto en un abanico de disciplinas. Ello genera una dispersión normativa, que debiera corregirse, concentrando todas esas normas reguladoras en un texto único que permitiese su acceso directo y fácil a la comprensión de cualquier persona, sin quedar restringida únicamente al ojo avizor del jurista.

Quizás resultaría desproporcionado un tratamiento legal exclusivo sobre el enfermo mental, pero hoy en día, dada la tendencia a una especialización del Derecho por materias, nada impediría la elaboración de una Ley del Incapaz (físico, psíquico o sensorial), de igual modo que existe, por ejemplo, una Ley del Menor.

La concepción social del enfermo mental evolucionó con el paso del tiempo merced a los avances científicos que permitieron comprender y adentrarse en un mundo ignorado e incomprendido por muchos, o generador de miedos y tabús para otros. De igual modo que en la sociedad se experimentaron y todavía se siguen produciendo cambios sustanciales en la concepción y tratamiento de la enfermedad mental, el mundo del Derecho también se hizo eco de esas transformaciones, lo que se tradujo en profundas y sucesivas reformas que operaron por vía legislativa y jurisprudencial. Fruto de esa evolución es el artículo 49 de la Constitución española del 78, que insta a los poderes públicos a realizar una política de previsión, tratamiento, rehabilitación e integración de los disminuidos psíquicos, a los que se les prestará la atención especializada que requieran, y amparándolos especialmente para el disfrute de los derechos que en el título I se otorgan a todos los ciudadanos.

Ni que decir tiene que términos como los de rehabilitación o integración chocan frontalmente con la antigua concepción del enfermo mental encerrado, alejado y olvidado en un centro o, en otro caso, oculto en casa por ser motivo de vergüenza o sentimiento de culpa para sus familiares. De igual modo es abismal la diferencia entre el reconocimiento constitucional de su posibilidad a disfrutar derechos, cuando en el siglo XIX, y buena parte del siglo XX, estando vigentes las leyes de Beneficencia de 1822 y 1849 y sus reglamentos, el Real Decreto de 14 de marzo de 1899, la Ley de Régimen Local de 1945 y la posterior de 2 de abril de 1985, la Ley de Bases de la Sanidad Nacional de 25 de noviembre de 1944 y demás normas, la sangrante realidad era que en muchos casos estos enfermos estaban encadenados a una pared en estancias inmundas, durmiendo sobre paja, malnutridos, harapientos o incluso torturados y amedrentados por gentes sin escrúpulos, mientras la sociedad miraba hacia otro lado.

Ante la sospecha de que una persona sufra enfermedad mental que limite o anule, según la importancia o gravedad de la patología, su capacidad de obrar, nuestro ordenamiento jurídico establece un procedimiento que permite al juez decidir si existe o no esa situación, declarar lo que proceda y, según el caso, imponer las consecuencias que resulten oportunas. Regulan tal proceso los artículos 756 a 763 de la Ley de Enjuiciamiento Civil (1/2000, de 7 de enero), que derogó los artículos 202 al 214 dentro del capítulo IX del Libro I del Código Civil ("De la incapacitación") y dejó vigentes los artículos 199, 200 y 201.

Los menores de edad podrán ser incapacitados cuando concurra en ellos causa de incapacitación y se prevea razonablemente que la misma persistirá después de la mayoría de edad.

Dispone el Código Civil que nadie puede ser declarado incapaz sino por sentencia judicial en virtud de las causas establecidas en la Ley. Se precisa, pues, un proceso que culmina con sentencia, que puede llevar consigo el nacimiento de la tutela, la curatela o la rehabilitación o prórroga de la patria potestad según los casos. La sentencia es el título que origina el cambio de estado civil y requiere para su total eficacia inscripción marginal en el Registro Civil, que se hace de oficio, y, en su caso, en el de la Propiedad u otros registros públicos, a instancia de parte.

Para evitar una enumeración taxativa de esas posibles causas se optó por una fórmula flexible, que permite al juez apreciar las circunstancias concurrentes en cada caso: la enfermedad mental debe ser persistente e impedir a la persona gobernarse por sí misma.

Cuando la enfermedad afecta a un menor, y se prevé razonablemente que aquella persistirá después de su mayoría de edad, se le puede incapacitar. Aunque pueda parecer inútil incapacitar a un menor, pues ya está sometido a patria potestad o tutela, es conveniente porque las limitaciones que conlleva la incapacidad pueden ser mayores que las derivadas de la minoría de edad, al tiempo que se evita la solución de continuidad al llegar el menor a la mayoría de edad. Son las personas del entorno del enfermo mental quienes pueden promover el proceso, esto es, su cónyuge o quien se encuentre en una situación de hecho asimilable, sus descendientes, ascendientes o hermanos. Si se trata de un menor, quienes ejerzan la patria potestad o tutela. Cuando esos parientes no existen o no la promueven debe hacerlo el Ministerio Fiscal, al que cualquier persona puede informar de esa realidad, y están obligados a ello las autoridades y funcionarios que la conozcan por razón de sus cargos. El presunto incapaz asume la posición de demandado y puede comparecer en su propia defensa y representación. Si no lo hace, es defensor el Ministerio Fiscal a menos que este hubiese promovido el procedimiento, en cuyo caso el juez designará un defensor.

Es juez competente el de 1ª Instancia del lugar donde reside el enfermo, es siempre parte el Ministerio Fiscal y el procedimiento se sustancia por los trámites del juicio verbal, salvo que se disponga otra cosa. El juez puede de oficio decretar cuantas pruebas y dictámenes periciales estime pertinentes, al margen de las solicitadas a instancia de parte, oirá a los parientes más próximos del presunto incapaz, examinará a este por sí mismo y nunca decidirá sin previo dictamen pericial médico.

Los efectos de la incapacitación se inician con la sentencia que la declara, sin que puedan retraerse al momento en que comenzó la enajenación mental ni siquiera al tiempo de presentación de la demanda, y persisten mientras no los haga cesar una nueva declaración judicial. También se precisa nueva sentencia para modificar el alcance de la incapacitación ya establecida a fin de adecuarla al curso que tome la enfermedad (empeoramiento o mejoría). De acuerdo con el artículo 760.1 de la LEC la sentencia que declare la incapacitación determinará la extensión y los límites de esta, así como el régimen de tutela o guarda a que haya de quedar sometido el incapacitado, y se pronunciará, en su caso, sobre la necesidad de internamiento. Es decir, que la extensión de la incapacitación es proporcional al grado de discernimiento. Cuando este es mínimo procede someter al incapacitado a tutela, cuyo régimen a su vez puede ser configurado por el juez con una cierta libertad.

El sujeto a tutela únicamente puede realizar por sí solo los actos para los que esté expresamente autorizado por disposición de ley o por la sentencia de incapacitación. En cambio, cuando el grado de discernimiento es mayor cabe establecer la curatela, que tiene por objeto la asistencia de aquel y nunca su representación. El curador intervendrá en aquellos actos que determine la resolución judicial y si esta no los hubiese especificado para los mismos actos en que los tutores necesitan autorización judicial.

En el supuesto de que no sea posible graduar la incapacitación, porque esta se aprecie en la forma máxima, la tutela incluye el gobierno de la persona enferma, que puede ser recluida en un establecimiento de salud mental. En el ámbito de los actos patrimoniales "inter vivos" la privación de la capacidad de obrar es total. No puede contratar, siendo sustituido por su representante legal, que es también el administrador de su patrimonio. Los actos por él realizados con carencia de entendimiento y voluntad son nulos de pleno derecho. En cuanto a los realizados en un posible intervalo lúcido son anulables a petición de su representante legal o a petición propia una vez reintegrado en su capacidad.

En materia de daños, conforme al artículo 1.903 del Código Civil, serán indemnizados por el tutor o por la persona responsable de aquel en supuestos muy concretos, y siempre que demuestre que empleó la diligencia debida.

La mayor sensibilidad, y máxime para un jurista, se suscita cuando es necesario ingresar al enfermo mental en un establecimiento psiquiátrico en contra de su voluntad o cuando no está en condiciones de decidirlo por sí mismo. La pérdida de libertad, y la mayor fragilidad o vulneración de derechos que ese encierro puede propiciar, hace que el legislador regule el internamiento con minuciosidad en el art. 763 de la LEC, que exige autorización previa del juez del lugar donde dicha persona resida, salvo que razones de urgencia hagan necesaria la inmediata adopción de la medida, pues, en tal caso, el responsable del centro en que se hubiese producido el internamiento debe dar cuenta de ello al juez del lugar en que radica ese centro lo antes posible y, en todo caso, dentro del plazo de 24 horas, a efectos de que dicho juez ratifique la medida, lo que deberá efectuarse en el plazo máximo de 72 horas desde que este tiene conocimiento del ingreso. Aparte de la dificultad de apreciar cuando existe o no esa "urgencia", en la práctica ante crisis espontáneas de la enfermedad, no necesariamente acompañadas de violencia, las fuerzas y cuerpos de seguridad se niegan a intervenir por considerar que no hay una situación extrema que justifique su actuación por decisión propia.

El miedo comprensible de los familiares, la gravedad *in crescendo* de la dolencia y la imposibilidad de contactar en ese momento con el juez o de no poder esperar a obtener la autorización judicial previa, lleva a pedir directamente al responsable del centro no sólo el ingreso del enfermo, sino también su traslado por personal (celadores) del mismo. En ocasiones, tal responsable se opone, a fin de eludir problemas y exige la orden judicial. Como solución, se vienen realizando acuerdos entre la Administración de Justicia, las Fuerzas de Seguridad, las autoridades sanitarias (incluidas las encargadas de servicios como los del 061) con objeto de que, ante una situación de urgencia médica reconocida,

se facilite el traslado inmediato del enfermo mental y su ingreso en el centro. No obstante, sería deseable que esos acuerdos, hoy todavía de alcance local y reducido, se extendieran a todo el territorio nacional a través de un convenio global entre todas las partes implicadas.

El internamiento de menores se realizará siempre en un establecimiento de salud mental adecuado a su edad, previo informe de los servicios de asistencia al menor.

Antes de autorizar o ratificar cualquier internamiento, el juez oirá al interesado, al Ministerio Fiscal y a cualquier otra persona que crea conveniente o le solicite el afectado. Además, y sin perjuicio de poder practicar otras pruebas, debe examinar por sí mismo al afectado y oír el dictamen de un facultativo designado por el magistrado. En todas las actuaciones el demandado podrá disponer de representación y defensa.

La decisión del juez sobre el internamiento es recurrible.

La resolución que acuerde el internamiento expresará la obligación de los facultativos que atiendan al interno de informar al juez periódicamente cada 6 meses, salvo que este fije un plazo inferior, sobre la necesidad de mantener la medida, sin perjuicio de otros informes que la autoridad judicial pida. En función de dichos informes, y en su caso de otras actuaciones, se mantendrá o no el internamiento.

Cuando los facultativos consideren que no es necesario que el enfermo siga internado, le darán el alta y lo comunicarán inmediatamente al juez.

ÁMBITO PENAL

El ordenamiento jurídico considera que una persona mayor de edad responde penalmente de los actos que realiza. Tal imputabilidad se basa en presuponer que con 18 años el sujeto tiene capacidad intelectual suficiente para conocer y, por tanto, comprender la ilicitud del hecho punible, así como una voluntad apta para actuar libremente conforme a ese conocimiento. No obstante lo anterior, existen excepciones donde, por concurrir determinadas circunstancias, el infractor no responde criminalmente o lo hace en menor medida.

Partiendo del artículo 20 del Código Penal, veamos los casos en que la enfermedad mental exime de responsabilidad:

- Quien, a causa de cualquier anomalía o alteración psíquica, no puede comprender la ilicitud del hecho o actuar conforme a esa comprensión.

SEGÚN LA JURISPRUDENCIA

- La psicosis esquizofrénica exime completamente cuando el hecho punible se produjo bajo los efectos del brote de la enfermedad. Si no se obró en pleno brote, pero las circunstancias del caso evidencian un comportamiento anómalo por razón de dicha enfermedad, actúa como eximente incompleta al amparo del núm. 1 del art. 21. Sin brote ni comportamiento anómalo sólo cabe la atenuante analógica del núm. 6 del art. 21 en función del "defecto esquizofrénico", es decir, del residuo patológico que conserva quien padece tal enfermedad.

- La oligofrenia tiene un origen endógeno y constituye un estado deficitario de la capacidad intelectiva que se caracteriza por la discordancia entre el desarrollo físico y psíquico del sujeto, de forma que este último queda primeramente rezagado y luego estancado. Se considera eximente completa la oligofrenia profunda ("idiocia"), en la que el coeficiente intelectual es muy bajo (inferior al 25%) y la edad mental es inferior a los cuatro años. La de mediana intensidad o "imbecilidad", cuyo coeficiente intelectual oscila entre el 25 y el 50% y la edad mental entre los 4 y los 8 años, se valora como eximente incompleta. Y, por último, la mínima ("debilidad o retraso mental"), donde el déficit psíquico se sitúa entre el 50 y el 70% y la edad mental entre los 8 y 9 años, opera sólo como atenuante simple. En cambio, responden penalmente los torpes ("borderlines"), cuyo coeficiente supera el 70%.

- Las psicopatías o trastornos de la personalidad consisten en deficiencias psicológicas que, sin constituir una psicosis, afectan a la organización y cohesión de la personalidad y a un equilibrio emocional y volitivo. Son desviaciones anormales del carácter o de la afectividad, de origen diverso (biológico, social o psicológico), que no afectan a una facultad concreta sino al conjunto o equilibrio de todas ellas. En épocas anteriores, al carecer de base patológica, no se las concebía como enfermedad mental y únicamente servían de atenuante por analogía. Actualmente, se encuadran en la expresión "anomalías o alteraciones psíquicas" del art. 20.1 y pueden operar como eximente.
- La paranoia es una psicosis que constituye una honda perturbación de la mente, en relación con un tema de permanente delirio, y es causa indiscutible de exención completa.
- La ludopatía o adicción al juego puede ser una eximente incompleta, pero es necesario que su impacto sobre el sujeto suponga un irrefrenable deseo, que lo obligue a realizar actos encaminados a obtener dinero para satisfacer su compulsación a jugar.

- La neurosis obsesiva y la parafilia de fetichismo no eximen.
- La perversión sexual puede operar como atenuante analógica y, excepcionalmente, como eximente incompleta.
- (Art. 20. 2º) - Quien actuó bajo un trastorno mental transitorio, siempre que no hubiese sido provocado por el sujeto con el propósito de cometer el delito, ni se hubiera previsto ni debido prever su comisión.

Dicho trastorno es una perturbación de intensidad psíquica idéntica a la enajenación, de la que se diferencia por su temporalidad.

- (Art. 20. 3º) - Quien, por sufrir alteraciones en la percepción desde el nacimiento o desde la infancia, tiene alterada gravemente la conciencia de la realidad.

Alude, en general, a defectos sensoriales (ceguera, sordomudez) y anomalías cerebrales susceptibles de malinterpretar los datos suministrados por los sentidos, de modo que el individuo tiene gravemente alterada la conciencia de la realidad. Su carencia precoz de aptitudes lo coloca en una situación de aislamiento e incomunicación con el entorno social.

- Conforme a lo dispuesto en el art. 21, la enfermedad mental atenúa la responsabilidad penal cuando limita o reduce la capacidad intelectiva o volitiva del sujeto y no la anula.

En el supuesto de que la enfermedad mental sobrevenga estando el reo cumpliendo condena, a la que alude el art. 383 de la Ley de Enjuiciamiento Criminal (aprobada por R. D. de 14 de septiembre de 1882) y el art. 60 del Código Penal. Precisamente, en torno a este último precepto, la Fiscalía General del Estado en el año 1999 con ocasión de una Consulta (nº. 5 de 16 de diciembre) estableció las siguientes conclusiones:

1. La suspensión del cumplimiento de una pena privativa de libertad por una situación duradera de trastorno mental grave sobrevenida al reo tras la sentencia firme no justifica aplicarle una medida de seguridad de internamiento.

2. Acordada judicialmente la suspensión lo que procede es el cese de toda intervención penal sobre el reo y que se dé traslado de las actuaciones al Ministerio Fiscal para que inste en el orden jurisdiccional civil las medidas que en su caso fueren procedentes en materia de incapacitación o internamiento de aquel.

3. Los establecimientos o unidades psiquiátricas penitenciarias no son centros adecuados para ingresar a tal reo, pues el objeto propio de estos centros es el cumplimiento de medidas de seguridad postdelictuales.

4. Suspender el cumplimiento de la pena no supone archivar la ejecutoria, porque el juez o tribunal sentenciador debe supervisar con cierta periodicidad la salud del reo y en caso de restablecimiento de la misma debe resolver sobre la ejecución de la pena pendiente o su extinción total o parcial.

La Asociación pro Derechos Humanos de Andalucia se suma a la denuncia del trato que dispensan las instituciones penitenciarias al reo mental, enumerando en un excelente informe denominado *Enfermos mentales en las prisiones ordinarias: un fracaso de la sociedad de bienestar* (2007) un rosario de necesidades y demandas que no están cubiertas durante la reclusión del afectado.

Cualquiera que estudie el trato que se dispensa en una prisión puede llegar a la conclusión de que tras la desaparición de los "manicomios" en los años 80 las personas allí tratadas han ido engrosando las estadísticas penitenciarias, convirtiéndose las cárceles en aparcamientos temporales de enfermos psíquicos. Lugares de reclusión, ajenos al auxilio de tratamientos especializados y carentes de alternativas de integración social. La condena, como herramienta penal, se consagra como la única forma de asegurar la seguridad colectiva y asume una labor de limpieza social que las leyes de vagos y maleantes cumplieron en el estado totalitario. Es conveniente citar a este respecto la Recomendación Nº R (98), 7 del Comité de Ministros del Consejo de Europa:

"En los últimos años, coincidiendo con el aumento de la población penitenciaria, se ha observado un sensible incremento en el número de personas que padecen algún tipo de trastorno mental. Esto no significa que sea debido a un efecto específico de la prisión sobre las personas internas sino más bien, de una parte, a la desaparición de los manicomios como espacio que durante dos siglos ha albergado a una buena cantidad de personas socialmente problemáticas (trastornos de la personalidad, oligofrenias...), y por otro lado, al considerable aumento de la población general que carece de recursos de todo tipo o está simplemente marginada, entre la que hay que contar con un buen número de personas con trastornos mentales, en especial psicosis crónicas, que de una manera u otra acaban con facilidad en la prisión. Sin contar, claro está, con los trastornos mentales provocados por el consumo de sustancias tóxicas o por enfermedades como el SIDA".

A la citada recomendación hay que sumar esa serie de problemas descrita en el documento de La Haya (*Declaración de consenso sobre la promoción de la salud mental en las prisiones*, noviembre 1998, promovido por la Oficina Regional Europea de la Organización Mundial de la Salud, aprobado por la asamblea general de Salud Mental Europa/FMSM en Bruselas el 27 de marzo de 1999), como riesgos de suicidio, problemas por adaptación al medio penitenciario, los derivados de la frecuente masificación de centros, -incapaces de garantizar el principio básico de privacidad e intimidad del interno y, especialmente, su seguridad-, de sus malas condiciones materiales, higiénicas, etc., de la escasez de personal o su deficitaria formación, de la ausencia de información adecuada sobre los diferentes aspectos de la vida en el centro estrictamente reglamentados, de la arbitrariedad con que se hagan cumplir tales reglamentos, el aislamiento prolongado o indefinido, los malos tratos físicos o psicológicos, el posible incumplimiento de las normas relativas a los derechos fundamentales de las personas internadas, los traslados arbitrarios de cárcel, el internamiento en prisiones alejadas del medio familiar, etc.

Cualquiera que atraviese un brote psicótico puede ser, de forma inconsciente, el autor de una acción dolosa que desemboque en consecuencias no deseadas. No tiene porque tratarse de actos violentos, que aún siendo los más llamativos suelen ser los menos. Y casi siempre provocados por la desesperación de colectivos que viven en la indigencia y suman a su enfermedad cerebral un consumo de tóxicos. No hay que olvidar las conductas que derivan en la ruina personal y pueden desembocar, por la ley de causa y efecto, en deudas que se derivan en contenciosos.

Convivir con enfermos psíquicos como yo puede resultar duro para nuestro círculo afectivo, que suelen ser las propias víctimas de conductas imprudentes que en momentos determinados podemos llevar a cabo de forma inconsciente. Conviene destacar que los familiares de los afectados no cuentan con la ayuda de las instituciones. Por un lado, porque los recursos son escasos; y por otro, porque muchos de los familiares no cumplen con el perfil requerido para incorporarse a los servicios comunitarios existentes. Muchas son familias ya de por sí desestructuradas y con escasos recursos materiales y personales para afrontar el cuidado de un enfermo mental, y con escasa conciencia tanto de enfermedad como de habilidades positivas de cuidado.

Después de muchos sufrimientos, muchos enfermos ven en las prisiones una liberación para un problema que desestabiliza a la familia y para que el que no encuentra ni apoyos válidos ni soluciones. Lo que más dificulta el trabajo desde el punto de vista de la reinserción es que muchos de ellos carecen de apoyo familiar.

El *Sindic de Greuges* de la Comunidad Valenciana, en la X Jornadas de Coordinación entre Defensores del Pueblo, destacaba que la escasa atención a los enfermos crónicos se encuentra directamente relacionada con el fracaso de la desinstitucionalización, que no ha creado, en el momento adecuado, los recursos que aseguren el correcto tratamiento de los pacientes deshopitalizados.

La deficiente atención a los enfermos crónicos ha extendido lo que en principio era un grave problema sanitario a un actual no menos grave problema social, al tener que cargar las familias, independientemente de los medios con los que cuenten, no sólo con la parte que en tratamiento y cuidado les corresponde, sino con la parte que a las inexistentes estructuras intermedias les correspondería. La realidad diaria nos muestra que la deshospitalización, sin el regular funcionamiento de las estructuras intermedias sustitutivas, conduce en muchos casos al efectivo abandono de los enfermos que aún bajo el cuidado de sus familias no pueden recibir de estas la atención que precisan, sustituyéndose finalmente el manicomio por la cárcel, el encierro domiciliario, la miseria o la muerte.

El que muchos de ellos sobrevivan en una situación marginal grave hace que vean agravadas sus patologías, que no se tratan, y que además sean consumidores de drogas o alcohol, provocando la aparición de patologías duales que hace aún más difícil su tratamiento y reinserción. La mayoría están en paro, sobre todo si padecen enfermedades mentales graves. La Fundación Andaluza para la Integración Social del Enfermo Mental de la Junta de Andalucía lo sitúa en torno al 90%. Por lo que es obvio entender que muchos carecen de vivienda u hogar donde residir.

Cada vez existen más enfermos mentales en la calle sin atención sanitaria alguna, existiendo un déficit importante de recursos de apoyo a la rehabilitación y recuperación funcional de los enfermos crónicos y un déficit importante de dispositivos comunitarios abiertos y cerrados. Por tanto, el que cometan delitos no depende tanto de su enfermedad, sino de su situación de inadaptación social y lo que más influye en la multirreincidencia es el fracaso de los intentos de rehabilitación.

La sociedad no tiene por qué sufrir los actos delictivos, ni disculparlos.

La calidad de vida de un discapacitado es la diferencia entre el aislamiento y la plena integración social.

Abolir la fragilidad que bautiza la triple "D": Debilidad, Desasosiego y Dependencia.

Otro problema de adaptación viene dado por el rechazo que producen normalmente en la sociedad por la conciencia social de peligro del enfermo mental, incluso un generalizado miedo a que tras cometer delitos no fueran a estar "encerrados" y aislados del resto de la comunidad. Las personas que comenten delitos son percibidas como más peligrosas por la única razón de padecer una enfermedad mental. Sin embargo, y al contrario de lo que generalmente se cree, el tipo de delitos que mayoritariamente cometen es el mismo que el de las personas que sobreviven en la calle con vidas marginales y problemas de drogodependencia. Casi el 64% de los enfermos mentales presos se encuentran cumpliendo condena por haber cometido delitos de robo y un importante tanto por ciento por delitos contra la salud pública. Los delitos más violentos son en proporción muy escasos.

La comisión de estos delitos menos impactantes y difíciles de comprender para la sociedad debería ser un factor positivo a la hora de trabajar la reinserción y la incorporación normalizada a la comunidad. Sin embargo, no existen programas en prisión específicos para ellos y tampoco alternativas en la comunidad.

Siguiendo con el perfil del reo mental recogido en el informe de la asociación pro derechos humanos andaluza, se trata de personas con un nivel sociocultural y laboral muy bajo, entre 25 y 45 años, sin recursos personales para sobrevivir en un duro ambiente carcelario, influenciables y con grandes dificultades para cumplir estrictas reglas. Son objeto de numerosos abusos por parte de otros internos y difícilmente entendidos por los funcionarios, siendo estos a veces incapaces de cumplir las expectativas propias del profesional ante las respuestas anormales de estos internos.

Hay que llamar la atención, por otro lado, sobre la actitud de algunos profesionales tanto del ámbito sanitario como de otros campos (funcionarios de régimen o tratamiento) que, en algunas ocasiones, viene condicionada más por el recelo que por la empatía con los pacientes.

A veces en el entorno y especialmente en situaciones cuando la sintomatología no es clara, se asocian conductas disruptivas o inusuales que se interpretan como formas de manipulación de este entorno y no como problemas de salud mental. Además, los inicios de las recaídas de los pacientes afectos de un trastorno psicótico suelen ser insidiosos, se presentan en forma de trastornos conductuales que, a su vez, producirán sanciones de tipo regimental en el ámbito penitenciario y que actuarán, a su vez, como factores estresantes que empeorarían la sintomatología psicótica.

La masificación, el hastío y el aburrimiento provocado por el no acceso a actividades y el estrés que les provoca el encierro conducen a muchos de ellos a consumir drogas, lo que agrava igualmente sus patologías. Habida cuenta de que la drogodependencia en el medio penitenciario se da frecuentemente, incluso existe un estudio de la propia Dirección General de Instituciones Penitenciarias del año 1996 que los sitúa en el 95% de los casos en personas de hasta 40 años, esta conducta representa un riesgo sanitario que conlleva la aparición secundaria de diversas patologías. Desde este estudio, a pesar de su antigüedad, no se ha actuado de forma alguna desde las instituciones competentes. Resulta cuanto menos chocante que puedan existir tantísimos enfermos mentales en nuestras prisiones ordinarias. Y de todas las causas existentes la que más favorece su entrada es la absoluta falta de dispositivos alternativos para el tratamiento de los enfermos mentales infractores.

Por otro lado, resulta sorprendente que la gran mayoría de los reos mentales se encuentran en prisión sin que en sus sentencias condenatorias se estimase causa alguna de atenuación de la pena y por tanto sin diagnóstico alguno de la enfermad. Muchos son diagnosticados por primera vez cuando entran en prisión, y la mayoría ni siquiera allí. Muchas sentencias no recogen la discapacidad psíquica del imputado. Los motivos son variados, entre otros la desidia de fiscales y jueces ante la acumulación de trabajo y sobre todo la falta de rigor en el trabajo de los abogados de oficio.

Teniendo en cuenta que el colectivo afectado no dispone de recursos económicos, son asistidos gracias a la asistencia jurídica gratuita, y entre la propia dinámica desestructurada del enfermo que no contacta con el abogado y la mala práctica de muchos de ellos que no trabajan con sus clientes sino hasta el mismo momento de juicio, es lógico que las enfermedades mentales pasen desapercibidas o que de todas maneras no puedan en ese momento ser ya acreditadas. Tampoco ayuda la actual regulación del enjuiciamiento rápido de delitos, en la que la rapidez en la instrucción incrementa la posibilidad de que nadie se percate de la enfermedad mental del detenido.

Muchos de ellos no se encuentran atendidos por los servicios sanitarios comunitarios, a algunos nunca se les ha diagnosticado formalmente su enfermedad, ni tratado, y dentro de las prisiones no existen programas destinados a la búsqueda de detección de casos para desarrollar después programas terapéuticos.

Al margen de los factores que influyen en la reincidencia y cumplimiento cíclico de penas privativas de libertad, se advierte que, conociendo las carencias del sistema sanitario y de asistencia social de este colectivo desde hace años por parte de las instituciones, es vergonzoso que aún continúen en estado de abandono los enfermos mentales con patologías agudas. Bajo la etiqueta de desinstitucionalización se ha realizado un mero "externamiento" de los pacientes de los hospitales psiquiátricos, sin que se hayan desarrollado ni las estructuras asistenciales alternativas precisas para satisfacer sus necesidades sociosanitarias, ni los cambios necesarios para modificar su "estatus".

En el presente capítulo se antoja necesario citar la campaña de denuncia que el pasado año 2006 llevó a cabo Amnistía Internacional para que no se aplique la pena capital a los enfermos mentales en EE UU. En palabras de la citada organización no gubernamental, centenares de enfermos mentales graves están a merced de un sistema de salud demasiado lento para prestar ayuda y de un sistema de justicia demasiado rápido a la hora de dictar sentencias de muerte. El informe presentado por Amnistía Internacional analiza un centenar de ejecuciones desde 1977 y denuncia los problemas que se les plantean a estos reos debido a los fallos del sistema judicial. El documento pone en duda la aptitud de algunos procesados para ser juzgados, dado que no entendían la naturaleza del proceso emprendido contra ellos o eran incapaces de colaborar en su defensa. Otro de los aspectos más controvertidos que recoge el estudio es la inadecuada representación legal, que impide que el jurado conozca los problemas mentales de los acusados, o la medicación previa, que les hace aparecer ante el tribunal sin signos de arrepentimiento, un factor clave en el proceso.

Expertos en psicología clínica, como Carlos Martín Beristain, afirman que los antecedentes psiquiátricos sólo han servido de atenuante en 16 casos analizados. Además, señala que la mitad de estos condenados padecía esquizofrenia y que muchos de ellos estaban desorientados o no tenían acceso a un tratamiento médico en el momento del crimen.

El 25% del total de ejecuciones de enfermos mentales desde 1977 se ha registrado en Texas. Amnistía se pregunta por qué (salvo en el estado de Connecticut) se sigue ejecutando a estas personas en Estados Unidos, cuando existen dos sentencias del Tribunal Supremo que tienen en cuenta la mayoría de edad y la discapacidad intelectual de los acusados para no aplicarles la pena de muerte, por estimar que su grado de culpabilidad es menor. Todo un rosario de agravios son usuales en la "*american way of life*".

Las condenas a muerte de personas con esquizofrenia, trastorno bipolar, depresión grave o trastorno de estrés postraumático han creado situaciones dantescas, como la decisión de Scott Panetti, con un largo historial de hospitalizaciones por problemas mentales, de defenderse a sí mismo en el juicio y hacerlo vestido de *cowboy*. O el caso de una persona con signos evidentes de trastorno mental que, justo antes de la ejecución, preguntó si después le darían de comer.

Amnistía Internacional también se ha hecho eco de las condiciones inhumanas que se manifiestan en los corredores de la muerte japoneses. La ONG pidió en septiembre de 2009 una moratoria de las ejecuciones en Japón, donde los presos del "corredor de la muerte" se arriesgan a desarrollar una enfermedad mental debido a su situación "cruel, inhumana y degradante". El grupo cívico denunció en un informe las condiciones en que se aplica la pena de muerte en Japón, donde los condenados son siempre ahorcados, sin aviso previo y en secreto, y donde

afirma que se sigue ejecutando a enfermos mentales. Amnistía Internacional asegura que a los presos del "corredor de la muerte nipón no se les permite hablar entre ellos" y que "su contacto con familiares, abogados y otras personas puede restringirse a sólo cinco minutos". "Aparte de sus visitas al servicio, los prisioneros no pueden moverse en las celdas y tienen que quedarse sentados, se les niega con frecuencia acceso a la luz y al aire fresco y sufren más castigos que otros presos", según ese organismo.

Hasta el 3 de septiembre de 2009, 102 personas estaban en Japón condenados a la máxima pena, de las cuales un número indeterminado, al menos cinco según AI, padecen enfermedades mentales. "Hay que mejorar las condiciones de las prisiones para evitar que los presos desarrollen una enfermedad mental mientras están en el corredor de la muerte", indicó esa organización. El autor del informe, James Welsh, señaló que "permitir que un prisionero viva durante un período prolongado con la amenaza diaria de la muerte es cruel, inhumano y degradante", y dijo que en Japón "se arriesgan a desarrollar una enfermedad mental grave".

Tengo el síndrome del uyuyahismo

La confianza en uno mismo se basa en el "uyuyahismo". A veces, se aborta mi entusiasmo y tiro la toalla antes de llevar a cabo cualquier actividad por trivial que pudiera parecer mi iniciativa. Pienso una y otra vez: UYUYUHI si me sale mal, UYUYUHI si se burlan de mí, UYUYUHI seguro que van hablar mal de mí…

Todas estas elucubraciones, junto a la disposición inconsciente de imaginar cosas sin sentido, me bloquean con tal crudeza que malogran mi libre albedrío impidiéndome ser yo mismo. Mi manera de pensar afecta a mi manera de hablar y la manera de hablar afecta a mi comportamiento. En estos momentos es donde más necesito el calor familiar. A su lado siempre hace buen tiempo.

Si tuviera que escoger cuatro naipes que anulan mi ánimo de decisión serían los siguientes:

¿mi cabeza me hace trampas?

inseguridad

¿mi cabeza me hace trampas?

aprobación

¿mi cabeza me hace trampas?

miedo social

¿mi cabeza me hace trampas?

fracaso

LA INSEGURIDAD

Puesta en escena: se manifiesta por una evidente desconfianza en uno mismo, en nuestras propias habilidades. Escepticismo que se proyecta en los momentos donde es preciso tomar decisiones o llevar a cabo de manera inmediata cualquier tarea. Muchas de las causas que nos producen inseguridad vienen dadas por lo que creemos son los efectos secundarios de la medicación que de forma perpetua hemos de consumir. Moral distraída, falta de chispa (lagunas de memoria)… nos transportan a vaticinar un desenlace fatal.

Actitudes y aptitudes: según el estado anímico en que nos encontremos infra o sobrevaloramos nuestras cualidades. Si estamos con el "bajón" evitamos situaciones que puedan resucitar ansiedad o miedo. No deseamos aceptar responsabilidades de ningún tipo y sobre manera nos "achicamos" ante los problemas, invadiéndonos un hipersentimiento de culpa. Si el sujeto, como es mi caso, carece de asertividad, esto es, que es incapaz de decir que "no", su martirio es mayúsculo. A sabiendas de no querer llevar a cabo una acción se impone la necesidad de quedar bien y someterse a la petición de terceros.

Los tratamientos de alivio: es importante intentar superar el miedo, aunque se antoja complicado. Es alentador enfrentarse a los problemas con la esperanza de poder defender nuestro punto de vista

ajeno a interpretaciones o síntomas de irascibilidad que sólo son propios de la percepción que tenemos de la cosas. Yo intento aplicar una dosis de humor ante las adversidades. A veces lo consigo, en otras ocasiones resulta patético.

NECESIDAD DE APROBACIÓN

Puesta en escena: cuando los estados melancólicos son nuestros compañeros de viaje, se aloja en nuestra vida diaria un estado de dependencia afectiva permanente. El miedo al rechazo, a ser juzgado mal, son, entre muchas otras, situaciones relacionales que resultan más evidentes cuando nuestro aspecto físico delata una atípica apariencia. Llega un momento que hacemos caso omiso de toda aprobación social, por culpa del peligroso convencimiento de que siempre seremos juzgados negativamente. Nos abandonamos, hasta el punto de que descuidamos nuestra apariencia más visible. Salimos a la calle con el aspecto de habernos afeitado con una espátula, nos ponemos encima ropa que no ladre y nos pasamos un peine. En la etapa eufórica, es conocida la pasión que sentimos por la extravagancia.

Actitudes y aptitudes: según nos convenga, despreciamos o damos excesiva importancia a la aprobación que nos dispensan. Racionalizamos en exceso. Nos despierta cierta sospecha la amistad que algunos nos brindan. Nadie te mira como antes. Si hemos cosechado éxitos en alguna actividad nos ponemos el listón tan alto que tenemos pánico a no dar la talla en intervenciones posteriores. Esta situación en particular me embarga sobremanera, modestia aparte he triunfado en mi profesión y ahora no soy ni la sombra de lo que fui. Me he convertido en un efecto secundario de las drogas antipsicóticas. Soy un amante del silencio.

Los tratamientos de alivio: entender que no vale la pena entusiasmarse con el recuerdo de los éxitos porque sólo se gana una vez la misma carrera. Intentar que la verdadera aprobación de terceros venga impuesta por los que más nos preocupan: nuestro círculo afectivo.

MIEDO SOCIAL/GUERRA SENSORIAL

Puesta en escena: la aprensión que siento hacia los demás depende del colectivo con el que tengo que relacionarme y el contexto o entorno donde tiene lugar el proceso de comunicación. Si se trata de un grupo de desconocidos la desconfianza es mi tarjeta de presentación. Sonrío en zigzag, miro sin enfocar. Seguramente se trate de fobia social o un estado de ansiedad donde uno se siente mutilado emocionalmente. Por contra, en un episodio maniaco el único que habla soy yo, y cualquier punto de vista discordante se convierte en una especie de desafío. En ambos casos se trata de un problema de convivencia que se da la mano con el miedo social.

Actitudes y aptitudes: mi particular desasosiego impide la posibilidad de solucionar problemas adaptativos. Aunque no es objetivo del presente libro hablar de síntomas, farmacología, avances científicos o consejos terapéuticos, conviene destacar que los doctos en la materia hacen saber que las enfermedades cerebrales, tales como el trastorno bipolar y sobre todo la esquizofrenia, se manifiestan por culpa de la alteración de los neurotransmisores. Elementos indispensables cuyo cometido es generar un circuito de comunicación neuronal. Cuando los neurotransmisores sufren un "cortocircuito" la base informativa que asimila nuestro cerebro puede interpretarse de forma equivocada. Pueden entonces aparecer ideas extrañas, asociaciones ilógicas o se pueden ver, oír, oler o sentir estímulos que los demás no perciben.

Se trata de una guerra sensorial cuyas sensaciones son tan reales que resulta imposible establecer una distinción lógica entre la realidad que se comparte con los demás y la que solamente sentimos los afectados. Resulta inútil que me digan que lo que escucho, lo que pienso, lo que huelo, lo que pienso no es real. Yo estoy convencido de que es absolutamente cierto.

El citado cúmulo de sensaciones sensoriales ocupa el primer lugar en la escala del miedo que se sufre.

Los tratamientos de alivio: las reacciones de adaptación pasan la sensibilización de nuestro entorno más próximo. Se antoja estar alerta de los síntomas de alarma, los tratamientos disponibles, tanto a nivel farmacológico como los propios de la psicoeducación e integración social. El citado protocolo de intervenciones permitirá mejorar la calidad de vida del enfermo y ser capaz de generar un clima de adaptación y asimilación que conduzca a soluciones concretas ajenas al victimismo.

FRACASO

Puesta en escena: la sensación de frustración, desmotivación, falta de perseverancia, apatía, huida e inconstancia son una muestra de las escenas conductuales que pueden desembocar en el fracaso social. Fracasos que, en ocasiones, vienen precedidos por una serie de complejos que algunos pueden tachar de absurdos provocados por una imagen distorsionada de nosotros mismos. Generalmente relacionados, una vez más, por los rasgos físicos definidos por la anestesia de un mundo hermético y medicinal. La poca confianza en la valía que se supone tenemos de la mano de una dosis exagerada de inferioridad nos autodefine como incómodos sociales lo que genera, en consecuencia, un complejo de culpabilidad que en ocasiones es el preludio de un suicidio.

No es una simpleza el descubrir que el aumento de peso de determinados fármacos produce secuelas en la autoestima del paciente. Muchos deciden prescindir de la medicación: aparte de engordar, puede reducir su apetito sexual, entre otras cosas. Puede parecer curioso pero mucha gente habría ralentizado su crisis emocional si le sentara bien la ropa.

Actitudes y aptitudes: hacemos nuestra la frase "Pienso luego estorbo". La depresión se cuela en nuestra vida diaria. Es como si nos hubieran castrado nuestra libertad de expresión. Evitamos hacer proyectos a corto, medio o largo plazo. Me encuentro dispuesto a ligarle las trompas a mis sueños y expectativas.

Los tratamientos de alivio: de nuevo el papel familiar y de terapeutas especializados nos pueden ayudar a aceptar la frustraciones. A entender que el sujeto no se ve distorsionado por los acontecimientos sino por la visión que se tiene de ellos.

Mi comportamiento dibuja la manera de conducirme emocionalmente en relación a mi entorno o la manera de percibir los estímulos a los que estoy expuesto. Mi forma de actuar puede ser consciente o inconsciente, voluntaria o involuntaria, según las circunstancias que dan vida a lo singular de la interacción. Por ejemplo, si escucho una voz que de forma taxativa me agrede verbalmente, voy a sufrir de inmediato, voy a delatar angustia, desconcierto... e intentaré achacar su procedencia de algún lugar, de alguna persona. Según sean las consecuencias que concluyan mi desesperada expli-

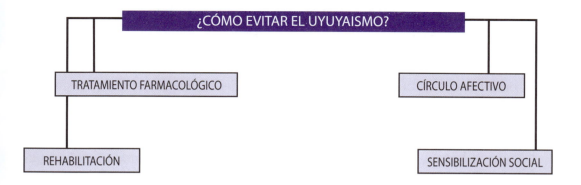

cación al citado estímulo actuaré en consecuencia. Si supongo, o quiero imaginar, que se trata de un transistor que esta encendido lo buscaré por toda la casa; por el contrario, si considero que viene de una persona que está cerca de mí, por ejemplo un familiar si estoy en mi domicilio o un alumno si estoy impartiendo una clase, actúo de forma temerosa pero agresiva. Recriminaré a mi familia o mis alumnos (que se sorprenderán obviamente de mi conducta).

Afortunadamente los estímulos verbales son cada vez menos, los medicamentos actúan bastante bien, y sobre todo que mi ciudad está en obras y los ruidos de las máquinas y asfaltado amortiguan cualquier sonido.

Al margen de la pincelada humorística, debo confesar que cuando sufro alucinaciones auditivas, e incluso pensamientos anormales, durante mi jornada laboral es realmente preocupante. Ante este cúmulo de percepciones la familia poco o nada puede hacer, es más, les contagio mi angustia. Muestran una des-

esperación lógica e intentan cualquier cosa para controlar la situación. Realmente sufren tanto como yo. Mi círculo afectivo está al corriente de los síntomas que pueden dar lugar a un brote y pueden apaciguar, y en muchas ocasiones anular, el efecto de una recaída.

ACCIONES GLOBALES PARA EVITAR EL "UYUYAHISMO"

Tal y como se observa en la viñeta, las acciones más indicadas para acentuar y mejorar la calidad de vida del enfermo es una combinación inteligente de los cuatro términos descritos.

1) Tratamiento farmacológico: el paciente debe ajustarse a un consumo regular de medicación apto para tratar los brotes y evitar las recaídas. Se debe esquivar la tentación de abandonar la medicación.

2) Rehabilitación: hacerse eco del conjunto de procedimientos mé-

dicos, psicológicos y sociales dirigidos a alcanzar el más completo potencial social, laboral y educacional compatible con la enfermedad. El objeto de los programas de rehabilitación es obtener el máximo nivel de independencia de los pacientes, teniendo en cuenta sus capacidades y aspiraciones.

3) Círculo afectivo: haber complicidad informativa por parte del círculo afectivo sobre la enfermedad que padece el enfermo y fomentar un conjunto de buenas prácticas que faciliten la cohesión en el seno familiar.

4) Sensibilización social: generar en la audiencia civil, los medios de comunicación, foros públicos, asociaciones vecinales, colegios de primaria y secundaria, universidades, Administración, mercado laboral y de consumo corrientes de opinión que anulen el estigma de las enfermedades cerebrales.

Estoy flipando

Como ignoro la diferencia entre alucinación y delirio, y su diagnóstico, lo dejo en manos de profesionales. Prefiero decir que estoy flipando cuando los brotes psicóticos entran en mi "sesera" sin pedir permiso.

En las distintas terapias dirigidas por el médico psiquiatra J. Ramón López Vázquez, a las que he tenido el gusto de asistir, he escuchado descripciones de síntomas psicóticos que luego se definían como alucinaciones, delirios, alteraciones del pensamiento, del lenguaje o del comportamiento…

Se puede definir la alucinación como una pseudopercepción de un estímulo externo que realmente no existe. Los que las padecemos estamos totalmente convencidos de que son reales. La alucinación se puede expresar por cualquier vía sensorial: un sonido que nadie escucha, un aroma que sólo nosotros somos capaces de oler, la esencia de una imagen que existe sólo en nuestra mirada… Cuando alucinamos damos por real lo que no lo es, y muchos de los esfuerzos que nuestros allegados nos confían para convencernos de que son síntomas de nuestra enfermedad muchas veces resultan infructuosos.

Las alucinaciones más comunes, según los profesionales de la salud, son las siguientes:

- Auditivas: son las más frecuentes. Se presentan de forma característica en los trastornos psíquicos agudos.
- Visuales: características de los trastornos orgánicos cerebrales y del consumo de tóxicos.
- Somáticas: percepción de sensación corporal extraña como de electricidad, quemadura, etc.
- Olfativas y gustativas.

• Existen otras, tales como hipnagógica e hipnopómpica cuya explicación puede resultar más tediosa y menos gráfica, y por supuesto ajena a la base argumental de la presente obra.

La alucinación como experiencia es de interés para varias ciencias tales como la psiquiatría, la neurología y la psicología. Como tal la alucinación es una palabra recurrentemente mencionada en trastornos cerebrales, aunque técnicamente aparece también mencionada en experiencias místico-religiosas, y así también como parte del abuso de drogas y estupefacientes al igual que la presencia de cáncer y también en los trastornos del sueño. Por ejemplo, existen las alucinaciones floridas que se asocian usualmente con el uso de drogas, privación del sueño, psicosis o trastornos neurológicos.

Como decía al principio de la presente obra, cuando uno hace las paces con la enfermedad, aprendemos a distinguir las voces reales de aquellas que proceden de la enfermedad. El intento de controlarlas desgasta de tal modo que únicamente con la medicación puedes minimizar la agonía sensorial. El delirio se puede entender como un pensamiento irracional, una falsa creencia que no se puede explicar en base a la realidad, pero el sujeto que la sufre al igual que sucede con la alucinación cree que son totalmente reales. El delirio no es una enfermedad sino un síntoma. La idea delirante es una idea firmemente sostenida pero con fundamentos lógicos inadecuados. Se antoja incorregible con la experiencia o con la demostración de su imposibilidad. Resulta inadecuada en el contexto o entorno donde se manifiesta.

Según el contenido del delirio, este puede ser de diferentes tipos:

• Persecución: los enfermos se sienten observados, el blanco de la gente y de comentarios.
• Culpa: estos pacientes generalmente están muy deprimidos y a menudo elaboran ideas de suicidio.
• Ruina: el paciente se ve en un estado máxima pobreza, típico del trastorno depresivo.
• Control: sensación subjetiva de estar bajo el control de alguien.
• Celos: el sujeto está totalmente convencido de que su pareja no le es fiel. Es característica de los pacientes alcohólicos crónicos.
• Somáticos: convicción de que los órganos han dejado de funcionar.
• Hipocondríaco: convicción de tener enfermedades que manifiestan subjetivamente con falsos síntomas.
• Grandeza: se caracteriza por un falso aumento de los valores subjetivos. Se observa como síntoma típico en el estado maniaco.
• Religiosos o místicos: la temática incide en Dios u otros personajes de la Historia Sagrada.

- Nihilistas: sensación de que uno mismo o los demás no existe (Delirio de Cotard: creencia de que uno mismo está muerto).
- Referencia: cualquier acción de los demás o suceso habitual está referido al paciente.
- Capgras: el sujeto está convencido de que un impostor está ocupando el lugar de su hijo, cónyuge o persona familiar.
- Erotomaniaco: convicción de ser amado por una persona de una categoría superior.
- Fantásticos: delirios físicamente imposibles (extraterrestres, etc.).
- Parasitosis: creencia de estar infectado por insectos u otros cuerpos extraños bajo la piel.
- Dismorfóbico: el paciente está convencido de que posee alguna deformidad.

(Fuente: Fisterra.com Atención Primaria en la Red)

Antaño, semejante rosario de síntomas eran catalogados como castigo de Dios o señales demoníacas; prueba de ello es el manuscrito titulado *Malleus Maleficarum (El martillo de las brujas)* que data del año 1486.

El papa Inocencio VIII nombró a dos inquisidores dominicos, Heinrich Kramer y Johann Sprenger, para que escribieran un estudio completo utilizando toda la artillería académica de finales del siglo XV. Ambos dominicos, con citas exhaustivas de las Sagradas Escrituras y de eruditos antiguos y modernos, bautizaron *El martillo de las brujas* como uno de los documentos más aterradores de la historia humana, considerada la obra más funesta de la historia de la literatura, y que pasó a ser la Biblia de los cazadores de brujas. En el citado manuscrito se proclamaba la enfermedad mental como una señal demoníaca cuya única salvación era la hoguera.

A día de hoy son muchas las personas que son caldo de cultivo para impostores que se aprovechan de la desgracia ajena, aludiendo a un problema de brujería los síntomas psicóticos, los cuales pueden desaparecer después de una cura milagrosa y todo tipo de rituales fetichistas. Al abrigo de *"habelas hainas"* con referencia a las meigas, toda persona que se siente torturada por voces, pensamientos ilógicos, rasgos hipocondríacos y un largo etcétera de alucinaciones y delirios siguen siendo a día de hoy pasto de curanderos y rituales ajenos a la ciencia. Afortunadamente los miedos ancestrales dejaron paso a pronósticos más inteligentes.

Es el caso de Emil Kraepelin (1856-1926), psiquiatra alemán considerado como el fundador de la psiquiatría científica moderna, la psicofarmacología y la genética psiquiátrica. A lo largo de su trayectoria científica Kraepelin siempre sostuvo que las enfermedades mentales son causadas principalmente por desórdenes biológicos y genéticos.

Samuel Taylor Coleridge (21 de octubre de 1772- 25 de julio de 1834), poeta, crítico y filósofo inglés, junto con su amigo William Wordsworth, fue uno de los fundadores del Romanticismo en Inglaterra y uno de los *lakistas*. Su sexto sentido era capaz de enumerar de forma poética los síntomas de un episodio afectivo de una manera que irradia sensibilidad. Una muestra lírica a este respecto se titula *Desesperación*.

> *He experimentado lo peor,*
> *lo peor que el mundo puede forjar,*
> *aquello que urde la vida indiferente,*
> *perturbando en un susurro*
> *la oración de los moribundos.*
> *He contemplado la totalidad, desgarrando*
> *en mi corazón el interés por la vida,*
> *para ser disuelto y alejado de mis esperanzas,*
> *nada resta ahora, ¿por qué vivir entonces?*
> *aquel rehén, que el mundo mantiene cautivo*
> *otorgando la promesa de que aún vivo,*
> *aquella esperanza de mujer, la pura fe*
> *en su amor inmóvil, que celebró en mí su tregua*
> *con la tiranía del amor se han ido.*
> *¿Hacia dónde?*
> *¿Qué puedo responder?*
> *¡Se han ido! ¡Debería romper el infame pacto,*
> *este vínculo de sangre que me ata a mí mismo!*
> *En silencio lo he de hacer.*

Manteniendo el propósito que inspira el presente libro, prefiero obviar por excesivamente técnicos los términos que utiliza la disciplina científica para definir casos clínicos o episodios psíquicos y contar testimonios directos que dibujan los estados de anímicos utilizando un lenguaje cercano y contundente.

Y en tal sentido, no puedo olvidarme del añorado Kurt Donald Cobain (Aberdeen, 20 de febrero de 1967 - Seattle, 5 de abril 1994), cantante, compositor y guitarrista de la prominente banda grunge Nirvana.

Acto seguido, se presenta con todo el respeto literario que se merece, su carta de suicidio, todo un epitafio sentimental, cuyas palabras explican mejor que cualquier manual psiquiátrico la angustia bipolar y su fatal desenlace.

IT'S BETTER TO BURN OUT THAN THAN FADE AWAY

"Es mejor quemarse que apagarse lentamente"

Para Boddah:

"Hablando como el estúpido con gran experiencia que preferiría ser un charlatán infantil castrado. Esta nota debería de ser muy fácil de entender. Todo lo que me enseñaron en los cursos de punk-rock que he ido siguiendo a lo largo de estos años, desde mi primer contacto con la, digamos, ética de la independencia y la vinculación con mi entorno ha resultado cierto. Ya hace demasiado tiempo que no me emociono ni escuchando ni creando música, ni tampoco escribiéndola, ni siquiera haciendo Rock'n'Roll.

Me siento increíblemente culpable.

Por ejemplo, cuando se apagan las luces antes del concierto y se oyen los gritos del público, a mí no me afectan tal como afectaban a Freddy Mercury, a quien parecía encantarle que el público le amase y adorase. Lo cual admiro y envidio muchísimo. De hecho no os puedo engañar, a ninguno de vosotros. Simplemente no sería justo ni para vosotros ni para mí. Simular que me lo estoy pasando el 100% bien sería el peor crimen que me pudiese imaginar.

A veces tengo la sensación de que tendría que fichar antes de subir al escenario. Lo he intentado todo para que eso no ocurriese. (Y sigo intentándolo, créeme Señor, pero no es suficiente). Soy consciente de que yo, nosotros, hemos gustado a mucha gente. Debo ser uno de aquellos narcisistas que sólo aprecian las cosas cuando ya han ocurrido. Soy demasiado sencillo. Necesito estar un poco anestesiado para recuperar el entusiasmo que tenía cuando era un niño. En estas tres últimas giras he apreciado mucho más a toda la gente que he conocido personalmente que son fans nuestros, pero a pesar de ello no puedo superar la frustración, la culpa y la hipersensibilidad hacia la gente. Sólo hay bien en mí, y pienso que simplemente amo demasiado a la gente. Tanto, que eso me hace sentir jodidamente triste. El típico piscis triste, sensible, insatisfecho, ¡Dios mío! ¿Por qué no puedo disfrutar? ¡No lo sé! Tengo una mujer divina, llena de ambición y comprensión, y una hija que me recuerda mu-

cho a como había sido yo. Llena de amor y alegría, confía en todo el mundo porque para ella todo el mundo es bueno y cree que no le harán daño. Eso me asusta tanto que casi me inmoviliza. No puedo soportar la idea de que Frances se convierta en una rockera siniestra, miserable y autodestructiva como en lo que me he convertido yo. Lo tengo todo, todo. Y lo aprecio, pero desde los siete años odio a la gente en general... Sólo porque a la gente le resulta fácil relacionarse y ser comprensiva. ¡Comprensiva! Sólo porque amo y me compadezco demasiado de la gente. Gracias a todos desde lo más profundo de mi estómago nauseabundo por vuestras cartas y vuestro interés durante los últimos años. Soy una criatura voluble y lunática. Se me ha acabado la pasión. Y recordad que es mejor quemarse que apagarse lentamente.

*   Paz, amor y comprensión.*

*   Kurt Cobain*

* Frances y Courtney, estaré en vuestro altar.*

* Por favor Courtney, sigue adelante, por Frances, por su vida que será mucho más feliz sin mí. Os quiero. ¡Os quiero!*

Por mi culpa, por mi gran culpa

En páginas anteriores se explicaban de manera concisa distintos síntomas maníacos que pasado el tiempo, desembocaban en sentimientos de culpa y remordimientos. Actos, sin duda, que han sido causados por la enfermedad pero que han repercutido en nuestro entorno negativamente en mayor o menor medida e intensidad.

He buscado la definición de manía en un diccionario doméstico, el que suelen utilizar mis hijos para hacer las tareas escolares y curiosamente han aparecido las siguientes acepciones:

- Trastorno mental caracterizado por la obsesión morbosa por una idea fija.
- Costumbre o comportamiento poco corriente.
- Afición o deseo exagerado por algo: *Ahora le ha entrado la manía de bailar sevillanas.*
- Odio, antipatía: *Le cogí manía desde el primer momento.*
- Manía persecutoria: preocupación anormal de la persona de creer ser constantemente objeto de persecución o maltrato.

La manía (del griego antiguo μανία manía «locura, demencia, estado de furor») es un trastorno mental consistente en una elevación anómala del estado anímico. Forma parte de los trastornos del ánimo, constituyendo una de las fases del llamado trastorno bipolar.

Es importante no confundir un estado maníaco con algunos rasgos obsesivos (obsesión por la limpieza y el orden por ejemplo) puesto que se ha integrado en el lenguaje en términos como piromanía, cleptomanía y otros trastornos mentales que derivan más bien de trastornos obsesivos, aunque bien puedan estar relacionados

Los efectos de la manía como los propios de la depresión que comentaremos, más adelante, de manera concisa, suponen el preámbulo del sentimiento de culpa que acontece en el ejecutor de los episodios maníacos.

El término de culpa está muy ligado a derivados como exculpar (se procede a excusar, justificar, tolerar las diligencias cometidas) o el antónimo inculpar (recriminar, acusar, reprochar, condenar los actos realizados)

Al experimentar un sentimiento de culpa o de culpabilidad se abre la puerta del plano afectivo y emocional, sea consciente o inconscientemente.

Durante el proceso de socialización, en la educación, en las interrelaciones personales, se suele utilizar la culpa para que unos hagan lo que otros pretenden y desempeñen el rol social establecido por la comunidad. Cuántas veces hemos escuchado: "¿No te da vergüenza lo que acabas de hacer? ¿Qué has hecho con nuestros ahorros? ¡Ya va siendo hora de que sientes la cabeza!, Sólo puedes estar mal tú, ¡y yo qué!... Como estás enfermo, ¡a fastidiarse todo el mundo!

La culpa aparece cuando se produce un choque entre el modelo ideal de conducta interiorizado y lo que se hace en realidad. Cuando alguien está atrapado en la culpa, no se gusta, se descalifica, se tortura y se siente incapaz de tomar las riendas de su vida, acabando, en más ocasiones de las que podemos pensar en el suicidio para dejar de molestar, para no hacer sufrir, en definitiva para no sentirnos culpables.

La culpa te atornilla en sucesos pasados, profana tus recuerdos, te sientes abatido, molesto por algo que dijiste o hiciste. El daño que has causado puedes achacarlo a un brote pero no puedes hacer desaparecer las consecuencias. Alimentas tus momentos presentes afligido por los remordimientos de comportamientos pasados y con vértigo a los que pudieran acontecer en un futuro emocional desconocido. El sentimiento de culpa simula una experiencia dolorosa que deriva de la sensación más o menos consciente de haber transgredido las normas éticas personales o sociales como las siguientes:

- Autoestima exagerada, la pseudoprepotencia es tu primer apellido.
- Menor necesidad de descanso y sueño, todo lo contrario a "menos samba e máis traballar".
- Mayor distracción e irritabilidad, miras sin enfocar y te muestras muy irascible.
- Excesiva participación en actividades imprudentes y de alto riesgo que pueden provocar consecuencias dolorosas, por ejemplo, conducta provocativa, destructiva o antisocial (promiscuidad sexual, conducción temeraria, gasto excesivo de dinero, abuso de alcohol

y/o drogas). El peor castigo para el círculo afectivo, en especial los seres queridos.

- Aumento de la locuacidad, por ejemplo, aumento en la velocidad del habla, cambios rápidos de tema, intolerancia a las interrupciones…
- Sentimientos de "excitación" o de euforia salpicados por cambios anímicos.
- Mayor nivel de energía, a veces acentuada por el consumo de tóxicos.
- Sentido común singular.
- Extravagancia, compras compulsivas, esnobismo.

La manera de actuar de modo desinhibido hace que los recursos para tomar decisiones se tornen totalmente incoherentes, destacando la tendencia a infravalorar los riesgos. Los problemas económicos que conlleva, entre otros gastos secundarios, el consumo patológico desatado por el estúpido deseo de agradar, sentirse aceptado o simplemente como remedio placentero de autorrealización estética, son los pilares para que el adagio consumo luego existo se convierta en una válvula de escape del trastorno. En cualquier metrópolis hay más consumidores que ciudadanos. Medio mundo se muere de hambre y el otro medio de colesterol eso sí que es un ejemplo de bipolaridad civil. El desarrollo consumista debe ser paralelo al desarrollo moral. La "fealdad"

se vende mal. Sin querer, aspiramos a ser profesionales del capricho. El consumo patológico es el estigma del éxito. La moda ya no afecta al vestido, sino al pensamiento y las costumbres. Son ilimitadas las tentaciones cuando atraviesas un estado de euforia, te dejas contagiar por la fiebre del exceso. El consumo nos consume.

Se comenta a continuación un simpático relato que puede ilustrar la orgía de la apariencia.

Se estrella un automóvil, a la salida de Moscú.

El conductor emerge del desastre y gime:

–Mi Mercedes… Mi Mercedes…

Alguien le dice:

–Pero señor… ¡Qué le importa el auto! ¿No ve que ha perdido un brazo?

Y mirándose el muñón sangrante, el hombre llora:

– ¡Mi Rolex, mi Rolex!

(Eduardo Galeano, *Patas Arriba*. Siglo XXI, Madrid, 1988, pág. 260)

La fase depresiva también se viste de culpabilidad.

La depresión es uno de los dos polos del trastorno bipolar y probablemente se trate de su manifestación más frecuente. Sus síntomas son totalmente indistinguibles de la que es comúnmente conocida como depresión. Por ello, muchos pacientes no son correctamente diagnosticados como tales hasta que se detecta un episodio de elevación del humor o este ha aparecido previamente

SINTOMATOLOGÍA COMÚN

- Tristeza patológica.
- Abandono personal. Característica más evidente cuando el afectado vive en soledad.
- Distracción, ansiedad.
- Apatía, desgana, ansiedad pérdida del interés por las cosas que anteriormente le interesaban. *"Para disfrutar de una comida hace falta tener hambre"*.
- Cansancio.
- Variaciones en el apetito
- Alteraciones en el sueño.
- También pueden aparecer ideas pesimistas repetitivas.
- No es infrecuente que ante la desesperanza que rodea esta situación el enfermo tenga pensamientos relacionados con la muerte e incluso intente suicidarse.
- Y un largo etcétera que el lector podrá encontrar en manuales especializados.

Son momentos donde tu cerebro ha pedido tiempo muerto, te invaden reflexiones melancólicas sin apenas esperanza. Cuando visito algún hospital de día, no puedo evitar observar el aspecto de algunos internos y me asusta acabar como ellos. Quiero pensar que es debido a los fármacos que consumen para aliviar su padecimiento y, como tal, lo entiendo como un mal necesario. Personas entrañables, sin duda, pero que en los casos más agudos parecen sujetos inanimados, algo así, como un sello de correos que le hubiese fallado la goma.

Mi familia y yo

Desde el instante en que el sujeto inicia una enfermedad cerebral se presenta en sociedad bautizado por un nuevo rol social. Según sea la gravedad o intensidad de la patología, podemos resultar distantes con el prójimo, desistir de realizar tareas que antes hacíamos con normalidad como estudiar, conducir, programar un aparato electrónico…

Antes me resultaba fácil poner en hora el reloj digital de mi hijo, hoy mi torpeza lo hace casi imposible, confundo el freno con el embrague si durante la conducción sufro un ataque de ansiedad sin venir a cuento, me cuesta leer y racionalizar la lectura simultáneamente, incluso me cuesta escribir lo que ahora están leyendo.

Me pregunto constantemente: ¿soy una persona útil?, cuando hago una actividad, ¿la hago bien?... Me condeno a mi autoevaluación y me dejo torturar por la evaluación que de mis acciones hagan los demás.

Queramos o no, necesitamos ayuda de la mano de los médicos, de los psicólogos, pero sobre todo, de nuestro círculo afectivo: la familia.

La familia lo primero que se pregunta desesperadamente es por qué y cuál ha sido la causa de la enfermedad cerebral.

En mi caso, el trastorno bipolar puede deberse, entre otros, a los siguientes aspectos:

- Una base genética.
- Un detonante ambiental.

Se han identificado factores de riesgo, que aumentan las probabilidades de experimentar crisis en las que ya apareció el trastorno. Del mismo modo se conocen también una serie de estrategias aptas para prevenir y proteger al afectado ante la aparición de una crisis.

FACTORES DE PROTECCIÓN

Se denominan factores de protección aquellos instrumentos preventivos que contribuyen a disminuir el grado de vulnerabilidad y resultan aptos para proteger a la persona afectada. Entre los citados factores conviene destacar los siguientes:

- No se pueden establecer normas fijas preventivas para todas las estructuras familiares.
- Lo más inteligente es establecer una relación de apoyo y comprensión mutua de la mano del grupo familiar y el afectado, basada en el dialogo, con independencia de la discrepancia que pudiera existir entre las partes en los momentos más oscuros.

FACTORES DE RIESGO

Se pueden entender los factores de riesgo como todos los que aumenten el nivel de vulnerabilidad y que, obviamente, puedan desembocar en una crisis o recaída.

Los factores señalados no son etapas que se manifiesten de manera ordenada sino que pueden aparecer sin previo aviso, mezclados unos con otros, lo que magnifica el problema de adaptación y obliga a la familia más cercana a abandonar otras actividades cotidianas para

centrarse en el cuidado del afectado. En el camino de la adaptación es muy posible que la familia necesite apoyos y orientaciones que minimicen su angustia y responsabilidad.

¿QUÉ OCURRE EN UNA FAMILIA CUANDO UNO DE SUS MIEMBROS TIENE UNA ENFERMEDAD MENTAL CRÓNICA MÁS O MENOS GRAVE?

- Aumenta el nivel de ansiedad e impotencia resolutiva. El círculo afectivo percibe que lo que le está sucediendo supera todos sus recursos de respuesta para afrontar con decisión cualquier síntoma enfermizo del afectado. Considera que su bienestar se hace añicos. El ambiente de desasosiego repercute en todos: enfermos y sanos.

- Se disparan sentimientos de desánimo, de baja satisfacción y autoestima incluso conductas desviadas en otros miembros de la familia. La enfermedad mental presenta, sin duda, problemas de adaptación en el seno familiar.
- La convivencia familiar con el enfermo no revela siempre los efectos con la misma gravedad e idéntica forma. Una misma patología puede resultar para una familia un problema de adaptación insalvable y para otras, un proceso de convivencia e intervención menos traumático. Todo depende de los recursos materiales, de la capacidad que el grupo familiar disponga para afrontar experiencias nuevas y, sobre todo, de cómo se perciba subjetivamente la enfermedad.
- Existen estructuras familiares que no han sido capaces asimilar la patología y se encuentran a merced de que alguien (la Administración) le facilite auxilio. Aceptan la enfermedad, sin más. Y hacen lo que pueden y creen que es lo mejor.

La Ley de Dependencia tiene mucho que decir a este respecto. Ya ha llegado el momento de que no se tenga que señalar con el dedo a la única mujer que está en la casa para que se haga cargo del mayor, del enfermo o de cualquier miembro del hogar que padezca algún tipo de invalidez.

Características de la fase maníaca y la depresiva en la enfermedad bipolar

Fase maníaca	Fase depresiva
Felicidad extrema	Escasa autoestima
Gran autoestima	Indecisión
Alto nivel de energía	Poca energía
Sentimientos de poder	Escaso interés de
Baja capacidad de	actividades
concentración	Sentimientos de tristeza
Escaso sueño	Ideas suicidas
Cambios en el apetito	Llanto frecuente

Un cúmulo de sensaciones nuevas recrean un *modus vivendi* desconocido hasta el momento. Las vivencias negativas subjetivas o no, de adaptación habida entre familia y afectado, pueden estar presentes de forma prolongada y asoman la cabeza desde que la familia conoce el diagnóstico.

Acto seguido se narran las sensaciones que el entramado familiar proyecta desde que tiene conocimiento de que uno de los suyos tiene una enfermedad cerebral:

- Incredulidad ("No me lo creo, es imposible, se han equivocado con el diagnóstico, seguro que exageran").
- Espanto ("Lo que se nos viene encima").
- Cólera ("Rabia contra los médicos, familiares, el afectado").

- Culpa ("¿Tenía que haberme comportado de otra forma?").
- Depresión ("No vale la pena luchar, no va a cambiar nada").
- Sumisión ("¿Qué se le va hacer?).
- Intranquilidad ("¿Cómo lo va a soportar, y cuando yo no esté…?").
- Tolerancia ("Tenemos que informarnos, seguro que existen formas para que sea más feliz").
- Vergüenza ("Y si lo internan que dirán los vecinos, que van a pensar de nosotros cuando empiece a hacer cosas raras").
- Impotencia en familias sin recursos ni habilidades para afrontar una situación nueva, que aparece sin avisar.

Durante el proceso de adaptación y asimilación de la enfermedad pueden surgir situaciones que pueden desequilibrar el entorno afectivo. Situaciones provocadas por la enfermedad pero que resultan a todas luces incómodas, hasta el punto de poder atribuir al afectado su mala intención en las acciones cometidas. Se llega a pensar que el enfermo desea provocar a los demás. Semejante acusación frustra al afectado que en sus momentos más lúcidos suele proyectar remordimientos.

En otros momentos no se acaba de asumir el problema y aparecen los lamentos en cadena, que impiden tener en cuenta la etapa vital del enfermo, porque la adolescencia, la entrada en el mundo adulto en el mundo laboral o en la vejez afectan a todos y siempre estos momentos vienen cargados de conflictos y desorientación.

Pero en las familias con personas diagnosticadas con enfermedades cerebrales puede aparecer un desánimo excesivo: ¿Para qué luchar si esto no tiene remedio? Reflexión que lleva a desconfiar de los médicos, fármacos, terapeutas, asociaciones, instituciones y de todo tipo de ayuda recibida.

¿QUÉ PUEDE HACER EL CÍRCULO AFECTIVO?

- Invitarnos a que tomemos la medicación y que visitemos a diferentes profesionales, favoreciendo que realicemos preguntas acerca de los efectos secundarios de la medicación y demos a conocer, sin temor, los distintos malestares emocionales o físicos que podamos atravesar.

  Si resucitara un nuevo episodio de altibajos, y damos a entender que pasamos de los demás, hay que recordar que no estamos rechazando a nadie simplemente es la enfermedad quien controla nuestro estado emocional o la disposición a estar en compañía.

- La familia y nuestros amigos deben aprovechar los períodos de ánimo estable para fijar límites de manera anticipada, planes y acuerdos aptos para evitar desenlaces traumáticos en futuras fases de la patología. Al igual que en la fase depresiva aparecen ideas suicidas, en la fase maníaca pueden aparecer conductas que pongan en peligro la salud del afectado.

- Las personas que como yo sufren trastorno bipolar necesitamos que nuestro entorno nos ponga límites claros y razonables que habrá que respetar a toda costa. Los citados límites deberán estar fijados con claridad meridiana, ser precisos y fijados antes de que la tensión aumente.

- La familia deberá repartir entre sus miembros y amistades el cuidado de la persona afectada cuando esté pasando por un estado complicado. Es una solución que evita sobrecargar solamente a un miembro determinado: la madre, la mujer…

- Recordar que la estabilización del ánimo es el primer paso a seguir.

- La normalidad en el trato es la mejor herramienta de comunicación, pero estando alerta de cualquier síntoma que puede repercutir en estados anormales.

- Si hay una repetición del episodio, puede ser la familia o un amigo el que se cuenta incluso antes que el propio afectado.

- La familia necesita aprender a distinguir la diferencia entre un buen día y la euforia y entre un día malo y la depresión.

- En el caso de la aparición de sintomatología psicótica no intentar convencernos de que esos pensamientos son falsos, tampoco es necesario darnos la razón (como a los locos), porque de esta manera reforzaría mi percepción. Lo más conveniente es intentar cambiar de tema o no responder ante un discurso delirante y poner en conocimiento del especialista la aparición de los síntomas delirantes.

EVITAR

- El consumo de tóxicos incluso en eventos puntuales: fechas señaladas, celebraciones, actos sociales…

- La sobreprotección: la familia debe intentar hacer cosas con el enfermo, en vez de hacerlas por él. De este modo, seremos capaces de recobrar el sentido de confianza y autoestima, tan necesario después de atravesar un episodio emocional.

- Los extremos: irradiar demasiada o muy poca esperanza respecto a la recuperación.

- Evitar la crítica directa de nuestros pensamientos o ideas. Resulta muy difícil convivir con la enfermedad.

FÍJATE EN LAS PISTAS DE LA DESPEDIDA

- Ante las señales de alarma del suicidio, ante cualquier sospecha que se tenga acerca de la posibilidad de que el afectado este considerando la posibilidad de suicidarse, la familia no debe temer en hacerle preguntas que evidencien o anulen tal sospecha.
- No considerar que al interrogar al paciente se pueda estar alimentando el deseo de acabar con su vida. En realidad, para muchas personas puede ser un gran alivio ventilar el tabú del suicidio y discutirlo abiertamente sin dar señales de sorpresa o desaprobación.
- Poner el tema sobre la mesa, sacarlo a relucir, supone para la persona afectada una franca demostración de que se le está tomando en serio.
- No asustarse. Las ideas de suicidio son frecuentes en las depresiones y desaparecen cuando el ánimo mejora.
- El círculo afectivo debe aprender a reconocer las señales típicas de suicidio. Tomar en serio cualquier amenaza que la persona sugiera.
- Alentar a la persona para que comprenda que el pensamiento suicida es un síntoma de la enfermedad. Es conveniente resaltar que la vida de la persona es importante para la familia y para los demás.
- Intente explicar que el suicidio sería una pérdida tremenda y no un alivio.
- Escuchar sin contradecir, reconociendo el sufrimiento que invade al afectado.
- Transmitir una actitud esperanzadora. En muchas ocasiones, alguien que dice abiertamente que no desea vivir realmente lo que siente es que no puede seguir viviendo de la misma manera.
- No dejar solo al paciente.
- Ponerse en contacto con los servicios de urgencias en casos desesperados.

(Fuente: Unidad de coordinación de la dependencia

SEÑALES DE ALARMA SUICIDA

Hablar sobre el suicidio o la muerte en general

Tener un plan específico para suicidarse

Hablar sobre "irse", "emprender un viaje", "un adiós"

Decir que "no necesitará" ciertas cosas y regalarlas

Mostrarse desesperanzado y culpable

Refugiarse y estar ajeno a cualquier participación social

Manifestar conductas autodestructivas

Otro cuadro de síntomas que aparecen en la depresión

En resumen podemos decir que la familia padece muchas de las consecuencias de las enfermedades cerebrales y no siempre está capacitada para resolver situaciones embarazosas.

Para aliviar al círculo afectivo se han instaurado dos herramientas de auxilio de utilidad para enfocar con inteligencia la enfermedad desde el hogar:

a) Talleres para familiares

Compuestos por grupos de familiares de personas que padecen enfermedades cerebrales y que se reúnen con un experto en la enfermedad. Puede trabajarse con grupos de padres de enfermos, con hijos, con grupos de hermanos, con grupos de amigos… o pueden hacerse grupos mixtos donde participen en un mismo grupo, padres, hijos, hermanos y amigos de distintos enfermos.

El objetivo de estos recursos didácticos es doble: por una parte, dar información sobre la enfermedad, sus causas, evolución y tratamiento; y por otra, entrenar en habilidades de comunicación y resolución de problemas para que las familias se encuentren capacitadas en el momento que surgen problemas en el hogar a causa de la enfermedad mental. La ventaja de estos talleres está en que la familia no solamente recibe información sino que establece contacto con otras personas que viven una situación familiar parecida, puede compartir sus problemas y enriquecerse con la experiencia de los demás.

El principal inconveniente reside en que no pueden estar presentes todos los miembros de una familia y, en ocasiones, el que asiste se encuentra impotente para trasmitir al resto de la familia lo que ha aprendido.

b) Intervención familiar de enfoque psicoeducativo

El objetivo es el mismo que en los talleres o escuela de familiares pero se trabaja con una familia en particular, en general en el domicilio del enfermo.

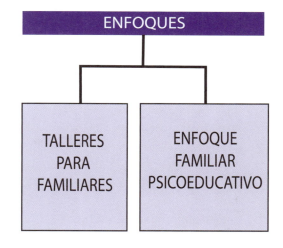

Para llevar a cabo este tratamiento, una pareja de terapeutas se reúne con el enfermo y su familia de manera periódica durante un tiempo prolongado (de seis meses a dos años). En estos casos se busca disminuir el estrés que vive la familia a causa de la enfermedad partiendo de la situación particular de cada familia. Con ello mejora la calidad de vida del enfermo y sus familiares. Se ha demostrado que cuando la familia sabe resolver los problemas sin conflicto, el paciente tiene menos síntomas psicóticos y recae menos.

La ventaja de esta técnica es que puede estar presente toda la familia, incluido el enfermo. El principal inconveniente con respecto al enfoque es que la familia no puede intercambiar impresiones con otras familias que sufren los mismos problemas.

(Fuente: Sonia Maña, *La esquizofrenia en el hogar*, página 67)

¿La enfermedad de los genios?

¿Qué tuvieron en común Edgar Allan Poe, Miguel Ángel, Virginia Wolf, Piotr Tchaikovsky, Cary Grant y Vincent Van Gogh,…? Su talento, es cierto. Sin embargo, cada uno de estos genios sufría una alteración psíquica que obraba como disparador de su creatividad, y quizá nunca lo supieron.

Se dice que el famoso cuadro de Edvard Munch *El grito* podría haber estado inspirado en una de las cíclicas crisis del atormentado pintor.

No está nada claro que las enfermedades cerebrales sean fuentes de creatividad. Es como decir que si naces alto vas a ser un famoso jugador de baloncesto. La idea de que durante siglos ha asociado los trastornos mentales con la creatividad y el genio artístico a mi juicio no es más que una romántica y tierna casualidad. La relación entre la creatividad global con el cerebro y en particular entre aquella y las enfermedades mentales está repleta de interrogantes.

Desde tiempos remotos se observa que algunos de los personajes más creativos, los mismos que la sociedad acomoda en la categoría de genios, manifiestan unas características peculiares de comportamiento y personalidad que los acercan al campo de lo patológico. Pero cabe citar otros razonamientos, tales como el expresado por Noam Chomsky que afirma lo siguiente: "Uno de los fundamentos de la creatividad es la libertad. El auténtico loco, el enfermo mental, no crea, construye y divulga presa de sus alucinaciones y sus delirios. El trastorno de su cerebro es el que le indica y lo obliga a crear".

Aristóteles (384 a 322 a. de C.) también tenía su propio punto de vista: "No existe un gran genio sin un componente de locura".

La psique creativa se hace eco de la expresión "genio loco" otorgándole un grado de verosimilitud estadística, para muchos discutible. Tal veracidad casuística se defiende por las múltiples bibliografías que se ocupan de recoger por escrito la vida y milagros de personajes famosos y que dejan constancia de un elevado número de patologías psiquiátricas entre artistas. Siendo los compositores, escritores y pintores los más afortunados o desafortunados, según se mire.

En nuestra web social tenemos "colgado" un testimonio que aporta una visión muy interesante acerca de los famosos bipolares y que seguramente se dejó caer en algún blog, para que alguien lo rescatara, hacemos un pequeño extracto con algunas variantes.

"Al principio, cuando estás hecha polvo con un diagnóstico que no sabes por dónde coger, y en un episodio mixto que te va clavando puñaladas por todos lados, una de las cosas que te dicen para animarte es: mira, Van Gogh fue bipolar, y también lo fueron Miguel Ángel, Leonardo da Vinci, Mozart. Genios. No sólo no estás desamparada porque hay más como tú, sino que además has entrado en un club muy especial, de seres muy sensibles y creativos. Lo que te desconcierta más, si cabe".

Mitos aparte. *El bipolaris vulgaris* no es un genio. Tiene sus dones, sí, quizá, como otros humanos no bipolares. Porque los hay que dicen que no tienen capacidad creativa, y se lamentan por ello. Pues no, tener una patología bipolar no es sinónimo de nada.

La creatividad asociada a las enfermedades cerebrales como el trastorno bipolar ha sido estudiada en profundidad por la terapeuta Kay Redfield Jamison en *Marcados por el fuego. La enfermedad maniaco-depresiva y el temperamento artístico* (FCE. México, 1993). Algunos entienden la creatividad como el lado bueno de la enfermedad, que si has sido tocado con un don puedes llegar a destacar en tu ámbito profesional, o a expresarte mediante el arte, o ambas cosas. A mi juicio, es una manera de intentar minimizar la patología e imaginar que pertenecemos a un grupo exquisito de personajes. Estoy convencido de que una persona medicada a conciencia es impensable que pueda realizar tareas con normalidad y éxito. Como en todo, destaca un pequeño porcentaje y de ese resultado, sólo vale la pena lo que puede contarse con los dedos de una mano. Y esto vale para bipolares y para no bipolares.

Se pueden encontrar bipolares famosos en todas las áreas: escritores, pintores, músicos… y también en los negocios, como Ted Turner, creador de la CNN, todo un imperio de los medios de comunicación. A continuación extraemos de la obra *Bipolar* de Eberhard J. Wormer (Ediciones Robinbook, 2004, páginas 176 y 177) un elenco de famosos pacientes bipolares.

- Alvin Ailey (1931-1989) = bailarín y coreógrafo (American Dance Theater)
- Buzz Aldrín (nacido en 1930) = astronauta (Apollo XI)
- Hector Berlioz (1803-1869) = compositor (*Sinfonía Fantástica*)
- William Blake (1757-1827) = pintor, poeta y visionario (*Canción de la inocencia, Europa: una profecía, América: una profecía*)
- Lord Byorn (George Gordon) (1788-1824) = poeta
- Francis Ford Coppola (nacido en 1939) = director de cine (*Apocalypse Now*)
- Paul Gauguin* (1848-1898) = pintor (*¿De dónde venimos?, ¿Qué somos?, ¿Adónde vamos?*)
- Vicent van Gogh* (1853-1890) = pintor (*Los girasoles*)
- Graham Greene (1904-1991) = escritor (*El tercer hombre*)
- Georg Friedrich Händel (1685-1759) = compositor (*El Mesías*)
- Ernest Hemingway* (1899-1961) = escritor y periodista (*¿Por quién doblan las campanas*)
- Kay Redfield Jaminson (nacida en 1946) = escritora y psiquiatra (*Una mente inquieta. Testimonio sobre afectos y locura*)
- Otto Klemperer (1885-1973) = músico y director de orquesta
- Vivien Leigh (1913-1967) = actriz (*Lo que el viento se llevó*)
- Robert Lowell* (1927-1977) = poeta (*Por los muertos de la Unión, El delfín*)
- Wolfgang Amadeus Mozart** (1756-1791) = músico y compositor (*La flauta mágica, Réquiem*)
- Ilie Nastase (nacido en 1946) = tenista y político
- Sylvia Plat H* (1932-1963) = poetisa (*Ariel, La campana de cristal*)
- Jaco Pastorius** (1951-1987) = músico de jazz (bajista) (*Donna Lee*)
- Jackson Pollock** (1912-1956) = pintor (*La loba, Full Fathom Five*)

- Axl Rose (nacido en 1962) = músico de Rock (Guns N'Roses)
- Robert Schumann* (1810-1856) = músico y compositor (*Fausto, Carnaval, Fantasía, Escenas de niños*)
- August Strindberg (1849-1912) = autor dramático (*La señorita Julia*)
- Gordon Sumner (Sting) (nacido en 1951) = músico y compositor (Trío Police; *Ghost in the Machine* y *Mercury Falling*)
- Jean Claude Van Damme (nacido en 1949) = luchador y actor
- Tom Waits (nacido en 1949) = músico, compositor y cantante (*Closing Time, Asylum Years, Night on Earth*)
- Brian Wilson (nacido en 1942) = músico y compositor (miembro de los Beach Boys; *Good Vibrations*)
- Hugo Wolf* (1860-1903) = compositor (*Spanisches Liederbuch*, "*Libro de canciones españolas*")
- Virginia Woolf* (1882-1941) = escritora (*Al faro*)

*Intento de suicidio.
**Muerte por accidente o circunstancias no aclaradas.

Adicción y enfermedad mental: una mezcla explosiva

Las drogas, en todas sus variantes y tipos, se han utilizado desde las épocas más remotas para infinidad de usos; desde rituales de adoración, para curar enfermedades, como distintivo de superioridad de clase, para que los esclavos y esclavas realizaran más enérgicamente sus trabajos, en la II Guerra Mundial para mantener despiertos a los soldados, diversión, evasión, etc.

Esta relación con las drogas de tipo lúdico-recreativa, ritual e incluso como moneda de cambio se transforma radicalmente a partir del s. XIX, relacionado directamente con el proceso de desarrollo industrial que vive el mundo occidental. Este proceso supone un cambio en la forma de organización socioeconómica. Los adelantos técnicos que van surgiendo tienen como consecuencia un aumento, hasta el momento desconocido, de la producción. Y entre estos productos, las sustancias psicoactivas se convierten en una mercancía más.

Nuestro sistema económico se basa en la maximización del beneficio y el consumo desmedido. Con este fin se crean y recrean nuevas necesidades, en la mayoría de los casos, "falsas necesidades" que la sociedad adopta y por tanto tiene que satisfacer. Por el contrario, las necesidades más básicas (educación, vivienda, sanidad…) no se ven garantizadas para todas las personas, creándose de esta forma una "sociedad dual" formada por quienes tienen posibilidades de acceder a los recursos existentes, en muchos casos con excesos, a costa de una parte de la población a la que se le imposibilita este acceso.

Asociado a este sistema económico, se impone un estilo de vida caracterizado por el individualismo, la competitividad, el consumo por encima de nuestras posibilidades, un modelo de ocio acelerado centrado casi exclusivamente en los fines de semana, etc. En este contexto se van generando muchos colectivos, "una minoría inmensa" de personas marginadas y excluidas en nuestra sociedad en las que en muchas ocasiones concurren una serie de problemas sociales como son la pobreza, la prostitución, determinadas psicopatologías, las drogodependencias, la delincuencia, etc.

En el caso de las personas con problemas de drogodependencias, si bien existen algunas cuyos recursos personales y sociales distan mucho de lo marginal, la mayoría, y en definitiva las que más preocupación generan, son esas personas en las que concurren una, varias o todas las causas de exclusión antes mencionadas. Es por ello que no podemos quedarnos en la concepción de que la incorporación social de la persona "drogadicta" sólo es posible en función del abandono del consumo de una sustancia y olvidarnos de que su drogodependencia es, en muchos casos, la punta del iceberg de una situación problemática a nivel personal, familiar y/o social que se ha visto agravada por las drogodependencias. Apoyar a esta persona pasa muchas veces por ayudarla a comprender y afrontar el contexto en el que vive.

EL ESTADO COMPLETO DE BIENESTAR

Cualquier estado de salud en el ser humano es el resultado de un proceso di-námico donde ciertos elementos ambientales y las características propias de la persona (física, psíquica y social) entran en interacción. Es decir, la salud no sólo es la ausencia de enfermedad; la persona sana es aquella capaz de vivir en sintonía con su proyecto de vida e integrada, solidariamente, en la comunidad donde reside, manteniendo su capacidad de ser libre y autónoma. Aunque la causa exacta de la dependencia y del abuso de las drogas se desconoce, lo que sí parece claro es que intervienen diversos factores sanitarios, personales, familiares, escolares, sociales y culturales.

FACTORES QUE INTERVIENEN EN LA DROGODEPENDENCIA

Dentro de los factores personales cabría mencionar:

- Una autoestima baja.
- Sensación de inseguridad, desconocimiento de las cualidades personales y exageración de los defectos.
- Tener amistades que consuman drogas.
- Tener conductas imprudentes, sin medir los peligros ni pensar en las consecuencias.
- Abandono de los estudios.
- No usar el tiempo libre en actividades participativas y creativas.
- Problemas de comunicación.

- Curiosidad por experimentar nuevas sensaciones.
- Concentrarse en una tarea determinada.
- Falta de criterios y valores personales sólidos.

FAMILIARES

- Problemas de pareja (principalmente, aunque generalmente son secundarios a otros problemas para los que ya se ha acudido al consumo de drogas).
- Familias desestructuradas, con violencia familiar.
- Falta de recursos.

SOCIALES Y CULTURALES

La mayoría de los consumos no se realizan de manera aislada, sino que se hacen en compañía de otras personas que consumen. Principalmente se consume por:

- El consumismo predominante en nuestro estilo de vida y que se extiende a todo tipo de sustancias y objetos.
- El ocio acelerado limitado casi exclusivamente al fin de semana.
- La presión de grupo.
- La falta de horizontes, de expectativas para conseguir un trabajo, formación, un proyecto de vida.

Estos factores que predisponen al consumo hacen que la persona repita la experiencia, no la vuelva a probar o definitivamente forme parte de su vida, creándose entonces una serie de problemas como:

1. Tolerancia: aparece cuando la persona para conseguir los efectos que inicialmente le producía el consumo necesita elevar la dosis para sentirlos. Esto implica un aumento de la ansiedad y de la irritabilidad en el momento en que no se obtengan los resultados esperados.

2. Dependencia: se produce cuando la vida de las personas gira en torno al consumo de la sustancia a la que sea adicta. El cuerpo y la mente se habitúan al consumo de determinadas sustancias y sin ellas no es capaz de seguir adelante.

3. Dependencia física: se produce cuando el organismo está habituado a la presencia constante de una sustancia o actividad adictiva, y es necesario mantener cierto nivel de sustancias en sangre para funcionar con normalidad.

4. Dependencia psíquica: es una compulsión o deseo irresistible por consumir una sustancia o realizar una actividad adictiva. Tiene como objetivo experimentar un estado emocional agradable o librarse de un estado emocional desagradable.

5. Síndrome de abstinencia: aparece cuando la persona decide abandonar el consumo, cuando por prescripción médica debe dejar de consumir la sustancia que le provoca la dependencia o cuando simplemente no está a su alcance poder consumirla. Los efectos del síndrome de abstinencia siempre son desagradables: sudor, temblores, ansiedad, etc.

6. Sobredosis: se produce cuando, debido a la tolerancia, a dejarse llevar por el grupo o a no controlar la dosis de administración, la persona consume una determinada sustancia hasta la intoxicación apareciendo, de igual modo, una serie de síntomas muy desagradables y que en ocasiones pueden llegar a producir la muerte.

7. Desintoxicación: proceso físico por el cual pasa una persona drogodependiente que interrumpe el consumo hasta que su organismo vuelve a un estado normal y autorregulado de funcionamiento.

8. Policonsumos: se dan cuando no sólo se consume una sustancia, sino que conjuntamente se hace uso de varias o más. Por ejemplo: es muy usual beber alcohol y fumar tabaco, de hecho son conductas que suelen estar asociadas. También se mezcla el alcohol con la marihuana, las anfetaminas con el alcohol, la coca con el alcohol y la marihuana, etc.

9. Deshabituación: proceso psicológico por el cual pasa una persona drogodependiente para conseguir eliminar, controlar o modificar las causas que le incitan al consumo o la mantienen en el mismo.

10. Recaída: volver a consumir tras un periodo de abstinencia.

11. Patología dual: coexistencia de un abuso o dependencia de sustancias o adicción comportamental, con un trastorno mental.

El campo de las drogodependencias es muy amplio y el número de sustancias, plantas, sucedáneos que hoy día se conocen es lo suficientemente extenso como para hacer un monográfico de cada una de ellas. Para orientarnos definiremos los principales conceptos vinculados con el sector.

CONCEPTO DE DROGA

Según la OMS droga es "cualquier sustancia que, introducida en un organismo vivo, puede modificar una o más de las funciones de este". Nuestra legislación define las drogas como aquellas sustancias, naturales o sintéticas, cuyo consumo pueda generar adicción o dependencia, o cambios en la conducta, o alejamiento de la percepción de la realidad, o disminución de la capacidad volitiva, así como efectos perjudiciales para la salud.

CONCEPTO DE DROGODEPENDENCIA

Enfermedad crónica y recidivante que afecta al estado físico, psicológico y social del individuo, caracterizado por una tendencia compulsiva al consumo de drogas.

CONCEPTO DE ADICCIONES COMPORTAMENTALES

Son las adicciones en las que no existe una sustancia, sino un comportamiento que provoca dependencia (el juego patológico, internet, compras compulsivas, teléfono, televisión, etc.…).

TIPOS DE USO Y/O CONSUMO

- **Experimental:** la motivación principal sería la curiosidad. Puede quedarse ahí o pasar al consumo ocasional o a la dependencia.
- **Ocasional:** se consume esporádicamente y, generalmente, por factores sociales.
- **Episódico:** el uso durante un tiempo suele ser reactivo a situaciones psicológicas o sociales.

Para intentar encuadrar lo más reducidamente posible las sustancias se ha tomado como referencia las prevalencias y patrones de consumo más comunes.

ADICCIONES INSTITUCIONALIZADAS

- Tabaco.
- Alcohol.
- Psicofármacos.
- Juego.

ADICCIONES NO INSTITUCIONALIZADAS (ILEGALIZADAS)

- Anfetaminas.
- Cannabis.
- Cocaína.
- Heroína.
- Éxtasis y otras drogas de diseño.

Si bien es cierto que las consecuencias del consumo de sustancias psicoactivas dependen del contexto en el que se produce el consumo, de la propia sustancia (sintética o natural), de las vías de consumo y de los propios recursos personales, a continuación presentamos algunas de las consecuencias más comunes de su consumo.

DROGAS Y ADICCIONES INSTITUCIONALIZADAS

TABACO

El tabaco fue, para los conquistadores españoles, uno de los descubrimientos de la llegada al Nuevo Mundo. Los pueblos indígenas ya consumían tabaco, sobre todo en ceremonias y rituales. El tabaco era usado, además, por sus efectos supuestamente medicinales. El nombre de la planta científico es "*nicotina tabacum*", y de ella se extraen cigarrillos, cigarros puros, picadura de pipa, rapé, tabaco de mascar, etc. La forma más común de consumir tabaco es el cigarrillo, cuyo consumo masivo apareció con la Revolución Industrial y las máquinas de elaborar cigarrillos. En el humo del tabaco se han encontrado alrededor de 4000 sustancias tóxicas, algunas de ellas son las siguientes:

Nicotina: sustancia estimulante del sistema nervioso central, responsable de los efectos psicoactivos de la sustancia y de la intensa dependencia física que el trabajo provoca. La vida media de la nicotina en la sangre es menor de dos horas, según va desapareciendo la concentración en la sangre, la persona que fuma necesita un nuevo cigarrillo.

Nicotina tabacum L.

Alquitrán: sustancia probablemente cancerígena, como el benzopireno, que inhala quien fuma y quienes, conviviendo con estas personas en ambientes cerrados, deben respirar el humo tóxico que devuelve al ambiente. El más relacionado con la degeneración celular es el alfabenzopireno.

Irritantes: el humo del tabaco contiene acroleína, fenoles, peróxido de nitrógeno, ácido cianhídrico, amoniaco, etc., que son responsables de la constricción bronquial, de la estimulación de las glándulas secretoras de la mucosa y de la tos típica de la persona fumadora y, en definitiva, de la alteración de los mecanismos de defensa del pulmón.

Monóxido de carbono: gas incoloro de elevado poder tóxico que se encuentra en una concentración elevada en el humo del tabaco. Tiene una gran afinidad para combinarse con la hemoglobina, disminuyendo la capacidad de la sangre para transportar el oxígeno.

El tabaco puede ser ingerido por dos varias vías.

Por vía digestiva
- Bebido: a través de infusiones o jarabes.

Por vía rectal
- Supositorios o enemas: utilizados principalmente con fines médicos para el tratamiento del estreñimiento.

Administración percutánea

- Se utiliza en la piel intacta o lesionada por sus efectos analgésicos. También posee propiedades antitérmicas.

Por vía respiratoria

- Esnifado: sólo o con otras sustancias tóxicas, ya que se absorbe fácilmente.
- Fumado: es la forma más común de administración. Se absorbe en los bronquios y alvéolos pulmonares.

Los términos más relacionados tanto con el consumo del tabaco como con el resto de las sustancias son los siguientes:

Adicción: el refuerzo que recibe quien fuma es débil. La costumbre de fumar es más un habito que una adicción. Por cada aspiración produce un refuerzo positivo definido y con diez aspiraciones por cigarrillo la persona que fuma una cajetilla diaria (20 cigarrillos) refuerza su hábito 200 veces diarias. Ninguna droga dependígena produce un refuerzo positivo cuantitativamente tan importante.

También existen otros factores que no son farmacológicos que hacen que quien fuma mantenga el hábito:

- Una determinada marca o tipo de tabaco.
- El ritual a la hora de encenderse un cigarrillo: sacar el cigarro de la cajetilla, colocarlo en los labios, encenderlo, inhalarlo, exhalar, etc.

- Determinados contextos sociales o circunstancias refuerzan la conducta adictiva.

Abstinencia: se produce cuando se abandona el hábito y se debe a la ausencia de la nicotina. Las principales manifestaciones de la abstinencia nicotínica son: ansiedad, irritabilidad, inquietud, humor disfórico, dificultad para concentrarse, agresividad, labilidad emocional, depresión trastornos del sueño, bradicardia, hipotensión, sudoración, ingestión excesiva de alimentos y aumento de peso. Objetivamente se detectan cambios electroencefaligráficos, disminución en el rendimiento de pruebas de vigilia o en tareas que exigen coordinación psicomotora.

Tolerancia: se desarrolla cuando el uso del cigarrillo se hace de forma habitual, llegando a desaparecer los efectos desagradables que se experimentan con los primeros cigarrillos. Se desarrolla hacia los efectos subjetivos de la nicotina y al sentimiento de euforia del consumidor tal y como ocurre con los estimulantes opiáceos.

Efectos derivados del consumo de tabaco

Efectos psicológicos:
- Relajación.
- Sensación de mayor concentración.

Efectos fisiológicos:
- Fatiga prematura.

- Pérdida de los sentidos del gusto y del olfato.
- Envejecimiento prematuro de la piel de la cara.
- Mal aliento.
- Color amarillento de dedos y dientes.
- Producción de enfermedades cardiovasculares.
- Influencia en el crecimiento fetal.

El consumo de tabaco está asociado a diversos tumores malignos del ser humano (pulmón, laringe, estómago, cavidad oral). El poder cancerígeno del tabaco se debe, indudablemente, a la presencia de sustancias carcinógenas en el humo que genera su combustión. Aunque también habría que analizar otros factores como los genéticos y los ambientales.

Debido a su consumo se ven especialmente afectadas las vías respiratorias altas, las cuales se irritan, produce faringitis, laringitis, disminución de la capacidad pulmonar y expectoraciones. También se pueden producir úlceras digestivas, problemas cardiovasculares y circulatorios ya que aumenta la viscosidad sanguínea y reduce la deformabilidad de los hematíes, hechos que promueven la formación de trombos, además de retrasar los procesos de cicatrización.

Se ha comprobado que los fumadores y las fumadoras poseen menos tejido adiposo, lo que hace que su peso sea inferior al de la media. Es por ello que cuando se deja de fumar se suele ganar peso.

ALCOHOL

Coinciden todos los estudios en que es la droga más consumida y extendida en todos los entornos sociales y de edad. Se comienza a consumir el alcohol en edades cada vez más tempranas.

Las bebidas alcohólicas se pueden obtener a partir de la fermentación de frutas o a partir de la destilación de las bebidas fermentadas. Habitualmente tienen más concentración las bebidas alcohólicas que se obtienen a partir de la destilación de las bebidas fermentadas.

En 1894 el médico sueco Magnus Huss crea el término de alcoholismo para unificar las diversas patologías físicas y psíquicas y los problemas familiares y sociales, cuyo factor etiopatógeno primario era indudablemente el etanol o alcohol etílico en sus diversas formas de ingestión.

La etiqueta con el "ismo" final la dotaba:

1) de la consideración de ser una enfermedad.
2) de la inseparable condición de constituir un problema social.
3) de la posibilidad de ser simultánea e integralmente estudiada bajo el modelo, también, de las creencias culturales y permitir así la intervención de investigadores e investigadoras con implicación en el problema.

Los principales problemas que genera el consumo del alcohol cuando este se realiza a diario son de tipo laboral y familiar, ya que el alcohol produce una gran dependencia.

Problemas familiares

- La vida de la persona gira en torno al alcohol, con lo que las relaciones tanto con su pareja, como con sus hijos e hijas (si tuviera), se ven seriamente afectadas.
- Se produce una desorganización y desestructuración familiar ya que no suelen llegar a casa a horas "normales" o cuando lo hacen están en un estado de embriaguez que, en la mayoría de los casos, desembocará en conductas agresivas hacia todo lo que le rodea.
- Todo esto conduce a la ruptura familiar, siendo en estos casos los hijos e hijas los más afectados.
- La persona alcohólica vive por y para la bebida, y además de los síntomas psicológicos que genera el consumo crónico de alcohol (y que detallaremos a continuación) produce un deterioro en las relaciones personales en el trabajo. Se suele empezar con faltas de puntualidad, falta de concentración en las tareas, absentismo, bajas continuadas, etc. Todo esto desencadena el despido, con los consiguientes problemas económicos.
- Además, no hay que olvidar que la gran mayoría de las muertes por accidente de tráfico tienen como factor el consumo de alcohol.

El alcohol no afecta de igual forma a todas las personas. Afecta en función de las características personales:

- Edad: es evidente que es más perjudicial beber a edades tempranas, ya que el organismo todavía no se ha desarrollado por completo, y este desarrollo puede verse alterado.
- Peso: afecta más gravemente a las personas de poco peso.
- Sexo: el hombre tiene más capacidad para la ingesta de alcohol mientras que la mujer desarrolla antes la tolerancia.
- Cantidad y rapidez de la ingesta, ya que la intoxicación alcohólica es directamente proporcional a estos factores.
- Cuando se consume alcohol con las comidas generalmente los efectos son más leves o apenas aparecen.
- Cuando se mezcla el alcohol con bebidas gaseosas se acelera el proceso de intoxicación.

Efectos psicológicos

El alcohol es un depresor del sistema nervioso central, aunque en un principio nos pueda parecer que actúe como euforizante. Principalmente aparece:

- Desinhibición.

- Verborrea, aunque con dificultades para hablar y asociar ideas.
- Aumento de la sociabilidad.
- Descoordinación motora y pérdida de equilibrio.

Efectos fisiológicos

El alcohol pasa a la sangre pocos minutos después de haberlo ingerido y puede estar horas en la sangre.

Provoca a nivel fisiológico:
- Somnolencia.
- Visión borrosa.
- Enlentecimiento muscular.
- Enlentecimiento del tiempo de reacción.
- Pérdida de atención y comprensión.

Cuando el consumo se hace crónico, además de los problemas sociolaborales descritos anteriormente, aparecen también problemas de tipo psicológico y médico:
- Tolerancia y dependencia física. Cuando se intenta dejar su consumo aparece el síndrome de abstinencia, que produce temblores, insomnio, nauseas, ansiedad, hipertensión.

Otro de los problemas que produce la abstinencia es el "delirium", lo que genera una urgencia médica, debido a trastornos metabólicos.
- Gastritis.
- Cirrosis hepática.
- Cardiopatías.

- Úlceras.
- Alucinaciones, principalmente de tipo persecutorio.
- Celotipia o delirio de celos.
- Trastornos del estado de ánimo, principalmente depresión.
- Ansiedad.
- Trastornos del sueño.
- Disfunciones sexuales.
- Pérdida de memoria.
- Problemas de tipo cognitivo.

El consumo excesivo puede llevar a una demencia alcohólica, provocando atrofia cerebral y problemas cognitivos y conductuales.

PSICOFÁRMACOS

Los psicofármacos pueden ser depresores o estimulantes del sistema nervioso central. Se clasifican en:

Psicolépticos

Son depresores de la actividad psíquica.
a) Tranquilizantes mayores o neurolépticos: se utilizan en el tratamiento de la psicosis (esquizofrenia, psicosis maniaco-depresiva, alcoholismo, psicosis tóxica).
b) Tranquilizantes menores o ansiolíticos: se utilizan con neurosis y angustias.
c) Antimaníacos: sales de litio.

Psicoanalépticos

Son estimulantes de la actividad psíquica.

a) Timolépticos: se suelen utilizar en depresiones orgánicas.

b) Psicotónicos: mejoran la asociación de ideas, producen una discreta euforia e incrementan la actividad psicomotora.

Psicodislépticos

Alteran la actividad psíquica como los alucinógenos.

El problema que presentan estos fármacos es que crean adicción y aunque la medicación haya sido retirada por el/la médico que la recetó es muy posible que la persona siga automedicándose, creándose por tanto la dependencia del fármaco.

También se da una práctica muy peligrosa entre la juventud que es mezclar tranquilizantes con alcohol. Los efectos que provocan estas mezclas son muy perjudiciales y peligrosos, pudiendo causar la muerte.

JUEGO

Es una adicción en la que no existe una sustancia, sino un comportamiento que provoca dependencia. Es una actividad intrínseca al ser humano y se vincula con la sensación de placer. El juego se convierte en patológico cuando se pierde la libertad y pasa a ser una necesidad prioritaria (tal y como sucede con el alcoholismo y otras drogodependencias). Desde 1990 se considera un trastorno de tipo adictivo.

Criterios de diagnóstico

- Progresión.
- Preocupación.
- Intolerancia a las pérdidas.
- Indiferencia a las consecuencias.

La Asociación Americana de Psiquiatría lo define como: "Una enfermedad adictiva en la que el sujeto es empujado por un abrumador e incontrolable impulso de jugar".

El impulso persiste y progresa en intensidad y urgencia, consumiendo cada vez más tiempo, energía y recursos emocionales y materiales de que dispone el individuo. Finalmente, invade, socava y a menudo destruye todo lo que es significativo en la vida de la persona.

Las fases del juego

Fase de ganancia:

- Los episodios de ganancia generan una mayor excitación por el juego.
- Quien juega de manera patológica se cree excepcional y aumentan sus expectativas.

Fase de pérdida: actitud excesivamente optimista.

- Aumentan las cantidades invertidas en el juego.
- Comienza a jugar en solitario.
- Fuertes pérdidas (préstamos).
- Comienza el deterioro familiar, social y laboral.

Fase de desesperación: aparecen treguas de autoconvencimiento.

- Pánico por las deudas no pagadas.
- Vías de liquidez no legales.
- Irritabilidad e hipersensibilidad.

Fase de desesperanza: abandono personal.

- Depresión.
- Comisión de delitos (CUSTER 1984).

DROGAS NO INSTITUCIONALIZADAS

ANFETAMINAS

Son psicoestimulantes producidos sintéticamente en laboratorios químicos a finales del s. XIX. Pertenecen al grupo de las drogas psicotónicas o estimulantes y potencian la actividad del sistema nervioso central. Su consumo suele producirse en pastillas y también se suelen utilizar como sustancia para mezclar en la elaboración de drogas de síntesis.

El *speed* es el sulfato de anfetamina, que es una forma de anfetamina, aunque se consume inhalado ya que se presenta en forma de polvo, aunque también puede presentarse en forma de pastillas.

Las anfetaminas constituyen la base de las drogas de diseño y de algunos reconstituyentes. También puede consumirse inyectada.

Los síntomas que presentan quienes la consumen son aumento de fuerza física y de la capacidad psíquica. Sienten anuladas necesidades primarias como comer y dormir.

Efectos derivados del consumo de anfetaminas

Son muy parecidos a los que produce el consumo de cocaína.

Efectos psicológicos
- Nerviosismo.
- Euforia.
- Ausencia de sueño, alerta.
- Aumento de la autoestima.
- Facilidad de palabra.
- Agresividad en ocasiones.
- Hiperactividad.
- Si el consumo se cronifica pueden producirse depresiones severas que provocan tanto tolerancia como dependencia.

Efectos fisiológicos
- Hipertensión arterial.
- Taquicardias.
- Muecas exageradas y anormales de la mandíbula.
- Convulsiones.
- Hiperactividad muscular.
- Sequedad de boca.
- Deshidratación debido a la sudoración excesiva que se experimenta.
- Insomnio.
- Falta de apetito.

CANNABIS

Es una planta con cuya resina, hojas y flores se elaboran las sustancias psicoactivas más conocidas (haschisch y marihuana) y más utilizadas entre las drogas ilegales. El nombre botánico de la planta es *"cannabis sativa"* y sus efectos se deben a uno de sus principios activos, el tetrahidrocannabinol, THC.

El haschisch se elabora a partir de la resina almacenada en las flores de la planta hembra, pensada para formar una pasta compacta de color marrón cuyo aspecto recuerda al chocolate. Su concentración de THC es superior a la de la marihuana, por lo que su toxicidad potencial es mayor.

La marihuana se elabora a partir de la trituración de flores, hojas y tallos secos. Ambos preparados se consumen fumados en un cigarrillo liado con tabaco rubio".

Efectos derivados del consumo de cannabis

El consumo usual es fumado, por lo tanto los pulmones lo absorben fácilmente y llega de forma rápida al cerebro. Sus efectos se manifiestan casi de inmediato, prolongándose alrededor de 2 ó 3 horas. Los efectos inmediatos al consumo siempre van a depender de las características personales y del momento concreto en el que se realiza el consumo.

Cannabis

Efectos psicológicos

- Aumenta la capacidad de comunicación.
- Exaltación.
- Alteraciones sensoriales y espaciales, aunque no se llega a perder el sentido de la realidad.
- Dificultades para expresarse con claridad y pérdida de concentración así como de memoria inmediata.
- Se perciben los estímulos externos con mayor intensidad aunque el tiempo se ralentiza.

Efectos fisiológicos

- Enrojecimiento de ojos.
- Taquicardias principalmente, aunque si las dosis son elevadas puede

haber alteraciones electrocardiográficas, bradicardia, hipotensión.

- Laringitis, traqueitis y bronquitis.
- Diarrea.
- Sequedad de boca.
- Aumento del apetito.

Es una droga que por su tipo de consumo es muy probable que se consuma de modo habitual. Cuando esto sucede y su consumo se cronifica suelen aparecer los siguientes síntomas:

- Disminución del deseo sexual y, relacionado con esto, ciclos anovulatorios y anomalías estructurales, anomalías en la movilidad de los espermatozoides y oligoespermia.
- El humo del cannabis es perjudicial para el pulmón y además puede producir alteraciones en el sistema inmunológico.
- Disminución de la atención y del rendimiento intelectual, lo que lleva a dificultades para el aprendizaje.
- Se desarrolla un "síndrome amotivacional" caracterizado por apatía, desinterés y abandono del cuidado personal principalmente.
- Produce en quienes padecen esquizofrenia un nuevo episodio psicótico. La persona comienza a volverse desconfiada.
- Ocasionalmente se puede producir un "síndrome de flashback" que consiste en vivencias que duran entre segundos y horas y que se experimentan como algo horrible.

COCAÍNA

La cocaína es un alcaloide extraido de las hojas del "erytroxylon coca". En las culturas indígenas se utilizaba por sus propiedades energizantes, que les permitía la realización de trabajos físicos de mucha fuerza impidiendo el cansancio. Activa el sistema simpático, responsable de mantener el estado de alerta. Se utilizó también inicialmente como anestésico local, pero se dejó de utilizar por los efectos secundarios que producía. También se utilizó para la elaboración de bebidas no alcohólicas como la Coca-Cola, que estaba hecha a base de coca con cola nítida. Aunque más tarde de suprimió la coca como componente de esa bebida.

La cocaína puede consumirse de distintas formas:

- Fumada: es la pasta de coca. Se extrae a partir de las hojas de coca y se mezcla con el tabaco fumándola en forma de cigarrillo. Su absorción es muy rápida y sus efectos duran 4 ó 5 minutos.
- Masticada: se mastican las hojas de coca. Su absorción es muy variable, dependiendo del contenido de las hojas.
- Esnifada: es la forma de uso más generalizada. Es el clorhidrato de cocaína.

Una especie de sal. Sus efectos duran entre 20 y 40 minutos.

- Inyectada: también se usa para esta vía de consumo el clorhidrato de cocaína.

La cocaína, además de las distintas vías de consumo, tiene distintos usos:

- **Experimental:** su consumo se realiza ocasionalmente y de forma limitada.
- **Recreativo:** se suele hacer los fines de semana y se utiliza como un facilitador de las relaciones sociales.
- **Circunstancial:** se consume ocasionalmente en situaciones muy concretas y suele ser para aumentar el rendimiento en áreas determinadas.
- **Intensificado:** su consumo es diario pero no produce alteraciones a ningún nivel, aunque hace al sujeto altamente dependiente.
- **Compulsivo:** cuando la vida de la persona gira en torno al consumo. Suele darse atracones con la repercusión física, psicológica y social que eso conlleva.

La cocaína, por los efectos que provoca, es una de las sustancias que más dependencia crea, generando también un alto potencial de abuso.

Efectos derivados del consumo de cocaína

Aunque las sensaciones iniciales aparecen como positivas y reforzantes para la persona, normalmente la bajada hace que

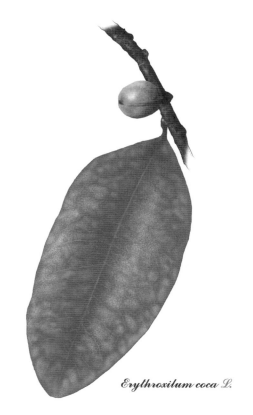

Erythroxilum coca L.

aparezcan síntomas de fatiga, irritabilidad, apatía, etc.

Efectos psicológicos

- Euforia.
- Hiperactividad.
- Seguridad, que hace que aparezca un aumento de la autoestima y egocentrismo.
- Ilusiones y alucinaciones pero siempre sin perder el sentido de la realidad.
- Verborrea.
- Aumento de la sociabilidad.
- Deseo sexual aumentado.

Efectos fisiológicos
- Disminución de cansancio y sueño.
- Aumento de tensión arterial y ritmo cardiaco.
- Subida de temperatura corporal.
- Ansiedad.
- Temblores.
- Inhibición del apetito.

Cuando el consumo se hace de un modo generalizado aparecen los siguientes síntomas:

Cardiopatías
- Arritmias cardiacas.
- Isquemia miocardiaca.
- Miocarditis y miocardiopatías.
- Rotura y disección aórtica.
- Problemas respiratorios.
- Perforación del tabique nasal.
- Disminución del olfato.
- Disnea.
- Anorexia y bulimia nerviosa.
- Alteraciones neurológicas que pueden provocar la muerte por sobre-estimulación de determinadas áreas cerebrales.

Trastornos psiquiátricos
- Irritabilidad.
- Esquizofrenia paranoide.
- Delirios.
- Trastornos del estado de ánimo.
- Crisis de pánico y ansiedad.

HEROÍNA

La heroína se extrae a través de la síntesis química de la morfina. Se utilizó en sus comienzos como fármaco analgésico y para el tratamiento de la tos y la tuberculosis. Puede consumirse principalmente a través de tres vías: inhalada, fumada e inyectada. Su uso más frecuente ha sido el último, pero cada vez se está utilizando menos debido, principalmente, al contagio de enfermedades como el SIDA, hepatitis y otras enfermedades de tipo infeccioso. Por tanto, la vía más utilizada en la actualidad es la inhalada.

Cuando se deja de tomar la droga, suele aparecer el síndrome de abstinencia. Aunque no supone un riesgo para la persona, sus efectos son bastante desagradables. Inicialmente aparecen bostezos, lagrimeos y sudoración. A medida que va avanzando se comienza a sentir ansiedad, temblores, dolores musculares, irritabilidad... Y a medida que progresa diarrea, nauseas, vómitos, calambres, etc. La recuperación de estos síntomas depende de la voluntad de la persona para el abandono del consumo.

Efectos derivados del consumo de heroína.
Efectos psicológicos
- Excitación.
- Sensación de bienestar.
- Alivio de tensiones.

Efectos fisiológicos

- Sequedad de boca.
- Disminución del tamaño de la pupila.
- Náuseas y vómitos.
- Insensibilidad al dolor.
- Estreñimiento.
- Falta de apetito.
- Dificultad respiratoria.

La mayoría de las enfermedades que desarrollan quienes consumen heroína están relacionadas con enfermedades contraídas a través de la inyección de la sustancia, así como de la falta de hábitos higiénicos y sanitarios. Principalmente son procesos infecciosos: hepatitis, neumonía, SIDA.

Cuando el consumo de esta sustancia se dilata en el tiempo se pueden producir los siguientes síntomas:

- Desórdenes nutricionales que llevan a la persona a adelgazar de forma exagerada. E implican también afecciones gastrointestinales que producen estreñimiento, anemia y caries.
- Se producen también trastornos ginecológicos, principalmente amenorrea.
- Al igual que la pérdida del apetito, se produce también una pérdida del deseo sexual.
- Dolencias cardiovasculares.

El consumo continuo de la sustancia es capaz de generar tolerancia con gran rapidez, lo que hace que la persona abuse de la heroína. Esto le hace dependiente, y esta dependencia implica que si quiere dejar de administrarse la sustancia aparezca el síndrome de abstinencia descrito anteriormente. También provoca problemas de tipo social como desestructuración familiar, faltas al trabajo con el consiguiente despido, relaciones interpersonales inexistentes, situación económica inestable, etc.

Es frecuente la aparición de trastornos psicológicos como depresión, alcoholismo, fobias, trastorno de personalidad y síndrome amotivacional. Tienen una mayor tendencia al suicidio, a conductas autolíticas.

También es una sustancia especialmente utilizada por pacientes con esquizofrenia ya que los efectos que producen en este colectivo es antipsicótico, permitiendo controlar sus conductas negativas.

Para el tratamiento de la dependencia a la heroína se usa la metadona, agonista opiaceo.

ÉXTASIS Y OTRAS DROGAS DE SÍNTESIS

Son sustancias elaboradas por síntesis química. Particularmente el éxtasis se deriva de la 3, 4 metildioxi - N - metilanfetamina (MDMA). Se utiliza principalmente con fines recreativos.

Se suelen presentar en forma de pastillas y su consumo por lo general no es exclusivo, se suele consumir conjuntamente con alcohol, tabaco, etc.

Efectos derivados del consumo de éxtasis
Efectos psicológicos
- Empatía, facilita las relaciones interpersonales y sociales.
- Confusión y alteraciones de la percepción temporal.
- Desinhibición.
- Aumento de la autoestima.
- Disminución del miedo.
- Aumento del deseo sexual.

Efectos fisiológicos
- Taquicardia.
- Sudoración.
- Sequedad de boca.
- Hipertermia.
- Temblores.

Cuando se abusa del consumo de MDMA se acentúan los problemas cardiovasculares y se pueden producir convulsiones y aumento de la temperatura corporal.

¿Qué es la patología dual?

La patología dual es una realidad clínica de elevada prevalencia que supone la concurrencia en un mismo individuo de una conducta adictiva y otro trastorno mental. Constituye, en muchas ocasiones, una única entidad clínica y no sólo la suma de dos trastornos, y requiere ser tratada por expertos que puedan abordar esta compleja problemática.

El Dr. Ignacio Basurte Villamor, médico psiquiatra de la Fundación Jiménez Díaz de Madrid, afirma que "los trastornos de la personalidad y en especial el trastorno límite multiplica por más de 20 el riesgo de dependencia a múltiples sustancias psicotrópicas". Además, añade el Dr. Basurte, "los pacientes con patología dual representan una importante complejidad clínica y asistencial con el consecuente coste económico que se deriva directamente de una mayor frecuentación de los servicios de urgencias y hospitalizaciones, sobre todo cuando se unen trastornos mentales y dependencia a sustancias psicotrópicas". Dada la relevancia de los datos, en su día se decidió constituir la Asociación Española de Patología Dual (AEPD).

"El consumo de drogas hace que el riesgo de sufrir una enfermedad mental de cualquier tipo se multiplique por lo menos por 4", afirma el Dr. Carlos Álvarez Vara, responsable de Relaciones Internacionales de la Agencia Antidroga de la Comunidad de Madrid y Presidente de Honor de la AEPD.

CARACTERÍSTICAS DE LOS PACIENTES QUE SUFREN PATOLOGÍA DUAL

Este tipo de pacientes presentan numerosas dificultades clínicas que dificultan el manejo, el tratamiento y ensombrecen el pronóstico:

- Efecto psicotomimético de las drogas *per se*.
- Menor cumplimiento terapéutico.
- Mayor tasa de recaídas y hospitalizaciones.
- Refractariedad relativa al tratamiento neuroléptico.
- Aumento de la agresividad (hacia sí o hacia otros).
- Mayor incidencia de problemas legales y sociales (menor apoyo sociofamiliar, desempleo, vagabundeo,...).
- Inicio más temprano de la enfermedad mental.
- Adopción de roles sociales "marginales".

HAY QUE RECONOCER EL PROBLEMA

Como mencionamos anteriormente, muchas familias no se dan cuenta que el familiar que sufre una enfermedad mental también tiene un problema de abuso de sustancias. Esto no nos sorprende porque muchos de los cambios en el comportamiento por los que se sospecha que hay un problema con drogas ya existen en una persona con una enfermedad mental. Por lo tanto, los comportamientos como ser rebelde, peleón o distraído pueden ser pistas menos confiables en este grupo. Sin embargo, si la familia observa algunos de estos comportamientos debe ponerse alerta:

- De repente tiene problemas de dinero.

- Aparición de nuevos amigos.
- Objetos de valor que desaparecen de la casa.
- Artículos relacionados con las drogas en la casa.
- Períodos largos en el baño.
- Pupilas dilatadas o mirada "en las nubes".
- Marcas de agujas.

Por supuesto que hay personas que reaccionan fuertemente a las drogas y al alcohol y su comportamiento caótico no deja duda que las consumen.

CÓMO INTENTAR RESOLVER EL PROBLEMA

Para resolver el problema es posible que se tenga que confrontar a la persona, pero lo mejor es no acusarlo inmediata y directamente de consumir drogas porque lo más probable es que lo niegue. A menos que uno tenga evidencia irrefutable, la persona se debe considerar inocente. A lo que sí podemos oponernos es a su comportamiento, sea o no sea causado por las drogas, ya que están interfiriendo con la vida familiar. Algunos ejemplos de los comportamientos inaceptables son apatía, irritabilidad, falta de higiene personal, agresividad, buscar pleitos, etc.

Dado que el problema de consumo de drogas es muy serio y complicado, se debe tratar de resolver de una manera deliberada pero con cuidado. Lo mejor es no confrontar a la persona cuando parezca que está bajo los efectos de estas o del alcohol, ni cuando la familia se siente muy molesta y afectada por la situación. Evite hacer amenazas directas como llamar a la policía, amenazar con hospitalizarlo o excluirlo de la vida familiar a menos que en verdad esté dispuesto a hacerlo. Existe el riesgo de que usted diga cosas cuando se siente presionado por la situación que en verdad quisiera no haberlas dicho. Es muy importante que la persona sepa su posición referente al caso y que en verdad va a cumplir lo que dice.

LA CREACIÓN DE UN PLAN DE ACCIÓN

Sabemos que la situación va a ser difícil, por lo que le sugerimos que escoja un momento en que las cosas estén relativamente en calma para decidir lo que va a hacer. Pida la participación de todos los familiares que le sea posible y acuerden seguir un plan. Las pautas siguientes le ayudarán a hacerlo:

- Asegúrese de que toda la familia esté de acuerdo en cuál es el problema. ¿Qué es exactamente lo que han observado y tienen que resolver? ¿Es un tipo de comportamiento cuya causa posible es la droga o hay evidencia clara de consumo de drogas? ¿Cuál es la evidencia?
- Genere varias soluciones posibles

con el objetivo de llevar a cabo las que todos están de acuerdo en que serían las mejores. Por supuesto que en la familia se encontrarán muchas opiniones sobre lo que es posible hacer en su situación.

- Comunique sus preocupaciones al psiquiatra o terapeuta del familiar enfermo.
- Comunique al familiar enfermo las observaciones que ha hecho y solicite que haga cambios específicos en su comportamiento.
- Planee varias maneras de reducir el acceso al dinero que posiblemente se esté gastando en drogas.
- Haga todo lo posible por reducir su necesidad o interés en grupos sociales que consumen drogas.
- Muestre a la persona evidencia clara de que está consumiendo drogas y sugiera un plan de tratamiento.
- Lleguen a un acuerdo sobre qué plan deberán intentar primero.
- Establezca pasos específicos para llevar a cabo el plan. Defina el papel que jugará cada integrante de la familia en la implementación del plan. Si se decide que lo mejor es enfrentar a la persona directamente sobre su consumo de drogas, esté preparado para ofrecerle evidencia de esto.

Si decide enfrentarse a la persona, diga calmadamente que usted cree que está consumiendo droga, muéstrele la evidencia y dígale lo que usted crea que la persona debe hacer. No discuta. Tenga en mente un plan definido que incluya a la persona contacto de un centro de tratamiento, números telefónicos, etc., para que pueda actuar inmediatamente si él o ella están de acuerdo en someterse a tratamiento. Es muy importante evitar los tonos moralistas sobre el consumo de drogas ya que es mejor enfocarse en las consecuencias de lo que ha observado y que afectan a la persona y a su familia.

Si la familia decide que el problema es serio y no es muy probable que la persona cumpla con lo que se le pide, se deben tomar en consideración implementar consecuencias negativas si la persona no cumple con lo acordado. Esto se debe hacer cuidadosamente ya que no es fácil aplicar consecuencias negativas para adultos que se puedan cumplir y, como se dijo anteriormente, no es bueno amenazar si no se tiene la intención de cumplir las amenazas. En el caso de los comportamientos que generalmente aparecen con el consumo de drogas, se le debe pedir a la persona que corrija la situación o se le retirarán los privilegios de los que goza. Cuando el problema es tan serio que los demás familiares están en peligro, se debe advertir a la persona que si sigue, se tendrá que ir.

Si esto sucede, la familia debe cumplirlo. Esto funciona mejor si se hacen los trámites con anterioridad para algún tipo de vivienda para que la calle no sea la única opción de la persona. Con frecuencia, las familias se preguntan si deben exigir una abstinencia absoluta. Aunque las autoridades en la materia señala que la abstinencia es la mejor opción, algunas familias pueden decidir que si toleran el consumo ocasional o acceden a llegar a un acuerdo de disminuir el consumo pueden obtener una colaboración razonable por parte de la persona ya que si se le pide abstinencia total, la persona podría negar la situación y se rehusará a seguir hablando del tema.

El consumo recreativo de drogas, alcohol y medicamentos controlados puede tener serios efectos interactivos. Los pacientes y sus familias deben estar bien enterados de esta posibilidad.

APOYO Y CUIDADO PARA EL RESTO DE LA FAMILIA

Aceptar la farmacodependencia de un familiar que sufre una enfermedad mental no es nada fácil. Por algún tiempo, esto puede parecer demasiado doloroso y desconcertante para encararlo. La familia puede estar terriblemente molesta con la persona por ser torpe y débil de carácter como para agregar el problema de abuso de sustancias a su ya trastornada vida. Desafortunadamente, el enojo y el rechazo no ayudan y hasta podrían retrasar la manera racional de luchar con la situación. Los padres y hermanos se pueden sentir dolidos porque la persona enferma le echa la culpa a otros de sus problemas y destruye su confianza cuando roba y miente y, en general, crea un caos en el hogar. En la familia, podría prevalecer un alto grado de miedo e incertidumbre a medida que el comportamiento se vuelve más irracional y aumentan las amenazas de violencia. Los familiares se podrían sentir culpables por creer que los causó el abuso de sustancias.

En primer lugar, es importante darse cuenta de que el abuso de sustancias es una enfermedad. La persona adicta no tiene el poder de controlar este problema sin ayuda de la misma manera que no puede controlar su enfermedad mental. Si se piensa en este problema como una enfermedad, se podría reducir la furia y la culpa. Los familiares podrían aprender a darse cuenta de que los comportamientos negativos no son algo personal y así les dolerá menos, dejarán de culpar a ellos mismos y uno al otro por un trastorno que nadie provocó o pudo evitar. Aceptar que un ser querido consume drogas o alcohol lleva tiempo y es mejor si la familia se une, evitan echarse la culpa, crean un plan de acción y se apoyan unos a otros.

Es importante buscar el apoyo de otras familias que se enfrenten a problemas similares. Este grupo de familias miembro de la afiliada de NAMI local se podría beneficiar de algunas reuniones independientes para encontrar el mejor apoyo proveniente de personas con el mismo problema. Si lo desean, las familias pueden contactar con los grupos Al-Anon (AA) y/o Narcóticos Anónimos (NA). Estos grupos de apoyo han sido sumamente beneficiosos para muchas familias.

Por último, los familiares se deben dar cuenta de que no pueden detener la farmacodependencia de su ser querido. Lo que sí pueden hacer es evitar encubrirla o facilitarle que lo siga negando. La familia puede llegar a conocer qué puede hacer sobre el problema, pero debe aceptar que mucho está fuera de su control. Con mucho esfuerzo, disminuirán algunas de las peores emociones, la familia se sentirá más serena y se darán cuenta de que la vida sigue valiendo la pena.

Cibercondríacos

Las nuevas tecnologías han bautizado una nueva obsesión. Es una afección causada por internet y se la llama *cibercondría*. Farmacéuticos, médicos de familia y especialistas de hospital observan desde hace tiempo que sus pacientes se dirigen a la red, rastrean foros, para buscar un sentido a sus síntomas o contrastar el diagnóstico que ya han recibido.

Ocho años después de acuñarse el término Microsoft acaba de publicar un estudio, el primero que se realiza sobre la hipocondría cibernética, que llega a la misma conclusión a la que ya habían llegado muchos profesionales: quien se asoma a internet para autodiagnosticarse con frecuencia da por buena la peor hipótesis, la peor enfermedad que podría explicar ese picor, dolor de cabeza o los efectos secundarios de un fármaco antipsicótico. Así que si alguien se levanta de la cama con jaqueca, abre el navegador, consulta un par de páginas en busca de respuestas y acaba pensando que tiene un tumor cerebral, lo más probable es que esté afectado por la *cibercondría*.

¿SOMOS CIBERCONDRÍACOS?

Algunos internautas malinterpretan los resultados de las búsquedas en internet y los generosos foros de autoayuda. No toda la información que se ofrece en la Red es clara y de buena calidad; en los foros, a parte de una ortografía singular, existen verdaderas manifestaciones que pueden ocasionar verdaderos estados de angustia. Hay que reconocer que se hace con buena intención. Pero asumen un papel terapéutico subliminal que conduce a la confusión.

Si ponemos en un buscador como Google "dolor de cabeza" obtenemos 1.730.000 resultados. En la primera página ya podemos encontrar un enlace que en su descripción muestra términos como esclerosis lateral amiotrófica, tumores cerebrales o ataque isquémico transitorio. Algunas personas siguen entonces el impulso de informase sobre estas graves enfermedades y terminan pensando que padecen alguna de ellas, según un estudio presentado por Microsoft. Son los llamados 'cibercondríacos'.

Internet es la principal fuente de información sanitaria para los españoles. El 85% de los pacientes consulta en la World Wide Web sobre temas de salud antes de acudir al médico. Estas búsquedas, que comienzan con un síntoma común, pueden ir escalando en gravedad y culminar en la percepción errónea de que se sufre una grave enfermedad. De un calambre muscular a la esclerosis lateral amiotrófica.

Diversos factores contribuyen a la magnificación de los síntomas. Desde la no comprobación de la validez de las fuentes de información, a la baja calidad de la gran mayoría, pasando por el uso de terminología compleja y la predisposición de algunas personas a ponerse en lo peor. Todos ellos, indica el estudio, "contribuyen a que la Red sea un lugar potencialmente peligroso para aquellos que buscan sobre salud".

Además, tres de cada cuatro internautas consultados para elaborar este informe han interpretado alguna vez el ranking del resultado de una búsqueda como la probabilidad de padecer cada enfermedad (cuanto más arriba apareciera, más opciones de sufrirla). Un 25% reconoció utilizar los buscadores como si de un sistema médico experto se tratara y para un 20% lo que encontró en internet le llevó a buscar ayuda profesional.

Estos resultados demuestran el efecto de los contenidos web sobre el comportamiento en la vida real y muestran que una porción significativa de los usuarios emplean los resultados como sustitutos de lo que los médicos llaman diagnóstico diferencial, es decir, el trabajo que realiza el televisivo doctor House, listando las enfermedades que puede padecer un paciente en función de sus síntomas y su historia clínica.

INFORMACIÓN INCOMPLETA

Otro estudio, publicado en la revista *The Annals of Pharmacotherapy*, subraya algunas de las debilidades de las búsquedas en la Red. Investigadores de la Universidad Nova Southwestern de Palm Beach (Estados Unidos) analizan en él la calidad de la información sobre fármacos publicada en la enciclopedia digital más famosa, la Wikipedia.

Al analizar las entradas escritas sobre 80 medicamentos comprobaron que estas omitían en muchas ocasiones información clave sobre efectos adversos, contraindicaciones o interacciones con otros tratamientos. Por ejemplo, que Artrotec, un antiinflamatorio, puede provocar abortos espontáneos.

Los autores compararon la información contenida en la Wikipedia con las de la base de datos de medicamentos de Medscape. Mientras que en esta última hallaron respuesta para el 82,5% de las preguntas que se planteaban (un total de 80 referidas a ocho categorías), en la enciclopedia pudieron contestar sólo al 40%, lo cual indica una falta de información importante. Kevin A. Coleman, director del estudio, ha declarado a la agencia Reuters que algunos empleados de compañías farmacéuticas han sido sorprendidos borrando contenidos que hacían que sus productos parecieran inseguros. "Si la gente acude y usa esta fuente de información como la única sin consultar con un profesional sanitario... ese es el tipo de consecuencias negativas que se puede dar", añade Coleman.

Los expertos advierten que pese a lo útil que resulta internet como herramienta de información, los usuarios deben de acudir al médico antes de alarmarse al leer los diagnósticos que la Red de reyes advierte ante determinados síntomas. Los cibercondríacos se "enferman" navegando en la web, se saturan de información buscando en la red datos sobre enfermedades que creen que padecen. Así encuentran otras que ni conocían. Sugestión derivada del exceso de información.

Los foros deben ser coordinados por un moderador/a profesional y no permitir que sirvan de barricada para agravios a terceros o como portal de prepotencia para fomentar consejos cargados de medias verdades. En caso contrario, pueden seguir siendo felices bajando videos de *youtube* o colgar poemas.

Clasificación de trastornos mentales CIE-10

Para concluir la presente obra y con el fin de poder unificar criterios, se cita parte de la Clasificación Internacional de Enfermedades (CIE, ICD en inglés), promovido por la OMS, hoy el CIE-10.

Del mismo modo, la APA (American Psychriatic Association) ha promovido el Manual de Diagnóstico y Estadístico de los Trastornos Mentales DSM, hoy DSM-IV.

F00-F09 Trastornos mentales orgánicos, incluidos los sintomáticos. F00 Demencia en la enfermedad de Alzheimer

F00.0 Demencia en la enfermedad de Alzheimer de inicio precoz.

F00.1 Demencia en la enfermedad de Alzheimer de inicio tardío.

F00.2 Demencia en la enfermedad de Alzheimer atípica o mixta.

F00.9 Demencia en la enfermedad de Alzheimer sin especificación.

F01 Demencia vascular

F01.0 Demencia vascular de inicio agudo.

F01.1 Demencia multi-infarto.

F01.2 Demencia vascular subcortical.

F01.3 Demencia vascular mixta cortical y subcortical.

F01.8 Otras demencias vasculares.

F01.9 Demencia vascular sin especificación.

F02 Demencia en enfermedades clasificadas en otro lugar

F02.0 Demencia en la enfermedad de Pick.

F02.1 Demencia en la enfermedad de Creutzfeldt-Jakob.

F02.2 Demencia en la enfermedad de Huntington.

F02.3 Demencia en la enfermedad de Parkinson.

F02.4 Demencia en la infección por VIH.

F02.8 Demencia en enfermedades específicas clasificadas en otro lugar.

F03 Demencia sin especificación

F04 Síndrome amnésico orgánico no inducido por alcohol u otras sustancias psicotropas

F05 Delirium no inducido por alcohol u otras sustancias psicotropas

F05.0 Delirium no superpuesto a demencia.

F05.1 Delirium superpuesto a demencia.

F05.8 Otro delirium no inducido por alcohol o droga.

F05.9 Delirium no inducido por alcohol u otras sustancias psicotropas sin especificación.

F06 Otros trastornos mentales debidos a lesión o disfunción cerebral o a enfermedad somática

F06.0 Alucinosis orgánica.

F06.1 Trastorno catatónico orgánico.

F06.2 Trastorno de ideas delirantes (esquizofreniforme) orgánico.

F06.3 Trastornos del humor (afectivos) orgánicos.

F06.4 Trastorno de ansiedad orgánico.

F06.5 Trastorno disociativo orgánico.

F06.6 Trastorno de labilidad emocional (asténico) orgánico.

F06.7 Trastorno cognoscitivo leve.

F06.8 Otro trastorno mental especificado debido a lesión o disfunción cerebral o a enfermedad somática.

F06.9 Otro trastorno mental debido a lesión o disfunción cerebral o a enfermedad somática sin especificación.

F07 Trastornos de la personalidad y del comportamiento debidos a enfermedad, lesión o disfunción cerebral

F07.0 Trastorno orgánico de la personalidad.

F07.1 Síndrome postencefalítico.

F07.2 Síndrome postconmocional.

F07.8 Otros trastornos de la personalidad y del comportamiento debidos a enfermedad, lesión o disfunción cerebral.

F07.9 Trastorno de la personalidad y del comportamiento debido a enfermedad, lesión o disfunción cerebral sin especificación.

F09 Trastorno mental orgánico o sintomático sin especificación

F10-F19 Trastornos mentales y del comportamiento debidos al consumo de sustancias psicotropas

F10 Trastornos mentales y del comportamiento debidos al consumo de alcohol.

F11 Trastornos mentales y del comportamiento debidos al consumo de opioides.

F12 Trastornos mentales y del comportamiento debidos al consumo de cannabinoides.

F13 Trastornos mentales y del comportamiento debidos al consumo de sedantes o hipnóticos.

F14 Trastornos mentales y del comportamiento debidos al consumo de cocaína.

F15 Trastornos mentales y del comportamiento debidos al consumo de otros estimulantes (incluyendo la cafeína).

F16 Trastornos mentales y del comportamiento debidos al consumo de alucinógenos.

F17 Trastornos mentales y del comportamiento debidos al consumo de tabaco.

F18 Trastornos mentales y del comportamiento debidos al consumo de disolventes volátiles.

F19 Trastornos mentales y del comportamiento debidos al consumo de múltiples drogas o de otras sustancias psicotropas

F19.0 Intoxicación aguda.

F19.1 Consumo perjudicial.

F19.2 Síndrome de dependencia.

F19.3 Síndrome de abstinencia.

F19.4 Síndrome de abstinencia con delirium.

F19.5 Trastorno psicótico.

F19.6 Síndrome amnésico inducido por alcohol o drogas.

F19.7 Trastorno psicótico residual y trastorno psicótico de comienzo tardío inducido por alcohol u otras sustancias psicotropas.

F19.8 Otros trastornos mentales o del comportamiento inducido por alcohol u otras sustancias psicotropas.

F19.9 Trastorno mental o del comportamiento inducido por alcohol u otras sustancias psicotropas sin especificación.

F20-20.9 Esquizofrenia, trastorno esquizotípico y trastornos de ideas delirantes

F20 Esquizofrenia.

F20.0 Esquizofrenia paranoide.

F20.1 Esquizofrenia hebefrénica.

F20.2 Esquizofrenia catatónica.

F20.3 Esquizofrenia indiferenciada.

F20.4 Depresión postesquizofrénica.

F20.5 Esquizofrenia residual.

F20,6 Esquizofrenia simple.

F20.8 Otras esquizofrenias.

F20.9 Esquizofrenia sin especificación.

F21 Trastorno esquizotípico

F22 Trastornos de ideas delirantes persistentes

F22.0 Trastorno de ideas delirantes.

F22.8 Otros trastornos de ideas delirantes persistentes.

F22.9 Trastorno de ideas delirantes persistentes sin especificación.

F23 Trastornos psicóticos agudos y transitorios

F23.0 Trastorno psicótico agudo polimorfo sin síntomas de esquizofrenia.

F23.1 Trastorno psicótico agudo polimorfo con síntomas de esquizofrenia.

F23.2 Trastorno psicótico agudo de tipo esquizofrénico.

F23.3 Otro trastorno psicótico agudo con predominio de ideas delirantes.

F23.8 Otros trastornos psicóticos agudos transitorios.

F23.9 Trastorno psicótico agudo transitorio sin especificación.

F24 Trastorno de ideas delirantes inducidas

F25 Trastornos esquizoafectivos

F25.0 Trastorno esquizoafectivo de tipo maníaco.

F25.1 Trastorno esquizoafectivo de tipo depresivo.

F25.2 Trastorno esquizoafectivo de tipo mixto.

F25.8 Otros trastornos esquizoafectivos.

F25.9 Trastorno esquizoafectivo sin especificación.

F28 Otros trastornos psicóticos no orgánicos

F29 Psicosis no orgánica sin especificación

F30-39 Trastornos del humor (afectivos)

F30 Episodio maníaco.

F30.0 Hipomanía.

F30.1 Manía sin síntomas psicóticos.

F30.2 Manía con síntomas psicóticos.

F30.8 Otros episodios maníacos.

F30.9 Episodio maníaco sin especificación.

F31 Trastorno bipolar

F31.0 Trastorno bipolar, episodio actual hipomaníaco.

F31.1 Trastorno bipolar, episodio actual maníaco sin síntomas psicóticos.

F31.2 Trastorno bipolar, episodio actual maníaco con síntomas psicóticos.

F31.3 Trastorno bipolar, episodio actual depresivo leve o moderado.

F31.4 Trastorno bipolar, episodio actual depresivo grave sin síntomas psicóticos.

F31.5 Trastorno bipolar, episodio actual depresivo grave con síntomas psicóticos.

F31.6 Trastorno bipolar, episodio actual mixto.

F31.7 Trastorno bipolar, actualmente en remisión.

F31.8 Otros trastornos bipolares.

F31.9 Trastorno bipolar sin especificación.

F32 Episodios depresivos

F32.0 Episodio depresivo leve.

F32.1 Episodio depresivo moderado.

F32.2 Episodio depresivo grave sin síntomas psicóticos.

F32.3 Episodio depresivo grave con síntomas psicóticos.

F32.8 Otros episodios depresivos.

F32.9 Episodio depresivo sin especificación.

F33 Trastorno depresivo recurrente

F33.0 Trastorno depresivo recurrente, episodio actual leve.

F33.1 Trastorno depresivo recurrente, episodio actual moderado.

F33.2 Trastorno depresivo recurrente, episodio actual grave sin síntomas psicóticos.

F33.3 Trastorno depresivo recurrente, episodio actual grave con síntomas psicóticos.

F33.4 Trastorno depresivo recurrente actualmente en remisión.

F33.8 Otros trastornos depresivos recurrentes.

F33.9 Trastorno depresivo recurrente sin especificación.

F34 Trastornos del humor (afectivos) persistentes

F34.0 Ciclotimia.

F34.1 Distimia.

F34.8 Otros trastornos del humor (afectivos) persistentes.

F34.9 Trastorno del humor (afectivo) persistente sin especificación.

F38 Otros trastornos del humor (afectivos)

F38.0 Otros trastornos del humor (afectivos) aislados.

F38.1 Otros trastornos del humor (afectivos) recurrentes.

F38.8 Otros trastornos del humor (afectivos).

F39 Trastorno del humor (afectivo) sin especificación.

F40-49 Trastornos neuróticos, secundarios a situaciones estresantes y somatomorfos

F40 Trastornos de ansiedad fóbica.

F40.0 Agorafobia.

F40.1 Fobias sociales.

F40.2 Fobias específicas (aisladas).

F40.8 Otros trastornos de ansiedad fóbica.

F40.9 Trastorno de ansiedad fóbica sin especificación.

F41 Otros trastornos de ansiedad

F41.0 Trastorno de pánico (ansiedad paroxística episódica).

F41.1 Trastorno de ansiedad generalizada.

F41.2 Trastorno mixto ansioso-depresivo.

F41.3 Otro trastorno mixto de ansiedad.

F41.8 Otros trastornos de ansiedad especificados.

F41.9 Trastorno de ansiedad sin especificación.

F42 Trastorno obsesivo-compulsivo

F42.0 Con predominio de pensamientos o rumiaciones obsesivas.

F42.1 Con predominio de actos compulsivos (rituales obsesivos).

F42.2 Con mezcla de pensamientos y actos obsesivos.

F42.8 Otros trastornos obsesivo-compulsivos.

F42.9 Trastorno obsesivo-compulsivo sin especificación.

F43 Reacciones a estrés grave y trastornos de adaptación

F43.0 Reacción a estrés agudo.

F43.1 Trastorno de estrés postraumático.

F43.2 Trastornos de adaptación.

F43.8 Otras reacciones a estrés grave.

F43.9 Reacción a estrés grave sin especificación.

F44 Trastornos disociativos (de conversión)
F44.0 Amnesia disociativa.

F44.1 Fuga disociativa.

F44.2 Estupor disociativo.

F44.3 Trastornos de trance y de posesión.

F44.4 Trastornos disociativos de la motilidad.

F44.5 Convulsiones disociativas.

F44.6 Anestesias y pérdidas sensoriales disociativas.

F44.7 Trastornos disociativos (de conversión) mixtos.

F44.8 Otros trastornos disociativos (de conversión).

F44.9 Trastorno disociativo (de conversión) sin especificación.

F45 Trastornos somatomorfos
F45.0 Trastorno de somatización.

F45.1 Trastorno somatomorfo indiferenciado.

F45.2 Trastorno hipocondríaco.

F45.3 Disfunción vegetativa somatomorfa.

F45.4 Trastorno de dolor persistente somatomorfo.

F45.8 Otros trastornos somatomorfos.

F45.9 Trastorno somatomorfo sin especificación.

F48 Otros trastornos neuróticos
F48.0 Neurastenia.

F48.1 Trastorno de despersonalización-desrealización.

F48.8 Otros trastornos neuróticos especificados.

F48.9 Trastorno neurótico sin especificación.

F50-59 Trastornos del comportamiento asociados a disfunciones fisiológicas y a factores somáticos
F50 Trastornos de la conducta alimentaria.

F50.0 Anorexia nerviosa.

F50.1 Anorexia nerviosa atípica.

F50.2 Bulimia nerviosa.

F50.3 Bulimia nerviosa atípica.

F50.4 Hiperfagia en otras alteraciones psicológicas.

F50.5 Vómitos en otras alteraciones psicológicas.

F50.8 Otros trastornos de la conducta alimentaria.

F50.9 Trastorno de la conducta alimentaria sin especificación.

F51 Trastornos no orgánicos del sueño

F51.0 Insomnio no orgánico.

F51.1 Hipersomnio no orgánico.

F51.2 Trastorno no orgánico del ciclo sueño-vigilia.

F51.3 Sonambulismo.

F51.4 Terrores nocturnos.

F51.5 Pesadillas.

F51.8 Otros trastornos no orgánicos del sueño.

F51.9 Trastorno no orgánico del sueño de origen sin especificación.

F52 Disfunción sexual no orgánica

F52.0 Ausencia o pérdida del deseo sexual.

F52.1 Rechazo sexual y ausencia de placer sexual.

F52.2 Fracaso de la respuesta genital.

F52.3 Disfunción orgásmica.

F52.4 Eyaculación precoz.

F52.5 Vaginismo no orgánico.

F52.6 Dispareunia no orgánica.

F52.7 Impulso sexual excesivo.

F52.8 Otras disfunciones sexuales no debidas a enfermedades o trastornos orgánicos.

F52.9 Disfunción sexual no debida a enfermedad o trastorno orgánico.

F53 Trastornos mentales y del comportamiento en el puerperio no clasificados en otro lugar

F53.0 Trastornos mentales y del comportamiento en el puerperio no clasificados en otro lugar leves.

F53.1 Trastornos mentales y del comportamiento en el puerperio no clasificados en otro lugar graves.

F53.8 Otros trastornos mentales en el puerperio no clasificados en otro lugar.

F53.9 Otro trastorno mental o del comportamiento del puerperio, sin especificación.

F54 Factores psicológicos y del comportamiento en trastornos o enfermedades clasificados en otro lugar

F55 Abuso de sustancias que no producen dependencia

F59 Trastornos del comportamiento asociados a disfunciones fisiológicas y a factores somáticos sin especificación

F60-69 Trastornos de la personalidad y del comportamiento del adulto
    F60 Trastornos específicos de la personalidad.
    F60.0 Trastorno paranoide de la personalidad.
    F60.1 Trastorno esquizoide de la personalidad.
    F60.2 Trastorno disocial de la personalidad.
    F60.3 Trastorno de inestabilidad emocional de la personalidad.
    F60.4 Trastorno histriónico de la personalidad.
    F60.5 Trastorno anancástieo de la personalidad.
    F60.6 Trastorno ansioso (con conducta de evitación) de la personalidad.
    F60.7 Trastorno dependiente de la personalidad.
    F60.8 Otros trastornos específicos de la personalidad.
    F60.9 Trastorno de la personalidad sin especificación.

F61 Trastornos mixtos y otros trastornos de la personalidad
    F61.0 Trastornos mixtos de la personalidad.
    F61.1 Variaciones problemáticas de la personalidad no clasificables en F60 ó F62.

F62 Transformación persistente de la personalidad no atribuible a lesión o enfermedad cerebral
    F62.0 Transformación persistente de la personalidad tras experiencia catastrófica.
    F62.1 Transformación persistente de la personalidad tras enfermedad psiquiátrica.
    F62.8 Otras transformaciones persistentes de la personalidad.
    F62.9 Transformación persistente de la personalidad sin especificación.

F63 Trastornos de los hábitos y del control de los impulsos

F63.0 Ludopatía.

F63.1 Piromanía.

F63.2 Cleptomanía.

F63.3 Tricotilomanía.

F63.8 Otros trastornos de los hábitos y del control de los impulsos.

F63.9 Trastorno de los hábitos y del control de los impulsos sin especificación.

F64 Trastornos de la identidad sexual

F64.0 Transexualismo.

F64.1 Transvestismo no fetichista.

F64.2 Trastorno de la identidad sexual en la infancia.

F64.8 Otros trastornos de la identidad sexual.

F64.9 Trastorno de la identidad sexual sin especificación.

F65 Trastornos de la inclinación sexual

F65.0 Fetichismo.

F65.1 Transvestismo fetichista.

F65.2 Exhibicionismo.

F65.3 Escoptofilia (voyeurismo).

F65.4 Paidofilia.

F65.5 Sadomasoquismo.

F65.6 Trastornos múltiples de la inclinación sexual.

F65.8 Otros trastornos de la inclinación sexual.

F65.9 Trastorno de la inclinación sexual sin especificación.

F66 Trastornos psicológicos y del comportamiento del desarrollo y orientación sexuales

F66.0 Trastorno de la maduración sexual.

F66.1 Orientación sexual egodistónica.

F66.2 Trastorno de la relación sexual.

F66.8 Otros trastornos del desarrollo psicosexual.

F66.9 Trastorno del desarrollo psicosexual sin especificación.

F68 Otros trastornos de la personalidad y del comportamiento del adulto

F68.0 Elaboración psicológica de síntomas somáticos.

F68.1 Producción intencionada o fingimiento de síntomas o invalideces somáticas o psicológicas (trastorno ficticio).

F68.8 Otros trastornos de la personalidad y del comportamiento del adulto especificados.

F69 Trastorno de la personalidad y del comportamiento del adulto sin especificación

F70-79 Retraso mental

F70 Retraso mental leve.

F71 Retraso mental moderado.

F72 Retraso mental grave.

F73 Retraso mental profundo.

F78 Otros retrasos mentales.

F79 Retraso mental sin especificación.

F80-89 Trastornos del desarrollo psicológico

F80 Trastornos específicos del desarrollo del habla y del lenguaje.

F80.0 Trastorno específico de la pronunciación.

F80.1 Trastorno de la expresión del lenguaje.

F80.2 Trastorno de la comprensión del lenguaje.

F80.3 Afasia adquirida con epilepsia (síndrome de Landau-Kleffner).

F80.8 Otros trastornos del desarrollo del habla y del lenguaje.

F80.9 Trastorno del desarrollo del habla y del lenguaje sin especificación.

F81 Trastornos específicos del desarrollo del aprendizaje escolar

F81.0 Trastorno específico de la lectura.

F81.1 Trastorno específico de la ortografía.

F81.2 Trastorno específico del cálculo.

F81.3 Trastorno mixto del desarrollo del aprendizaje escolar.

F81.8 Otros trastornos del desarrollo del aprendizaje escolar.

F81.9 Trastorno del desarrollo del aprendizaje escolar sin especificación.

F82 Trastorno específico del desarrollo psicomotor

F83 Trastorno específico del desarrollo mixto

F84 Trastornos generalizados del desarrollo
    F84.0 Autismo infantil.
    F84.1 Autismo atípico.
    F84.2 Síndrome de Rett.
    F84.3 Otro trastorno desintegrativo de la infancia.
    F84.4 Trastorno hipercinético con retraso mental y movimientos estereotipados.
    F84.5 Síndrome de Asperger.
    F84.8 Otros trastornos generalizados del desarrollo.
    F84.9 Trastorno generalizado del desarrollo sin especificación.

F88 Otros trastornos del desarrollo psicológico

F89 Trastorno del desarrollo psicológico sin especificación

F90-98 Trastornos del comportamiento y de las emociones de comienzo habitual en la infancia y adolescencia
    F90 Trastornos hipercinéticos.
    F90.0 Trastorno de la actividad y de la atención.
    F90.1 Trastorno hipercinético disocial.
    F90.8 Otros trastornos hipercinéticos.
    F90.9 Trastorno hipercinético sin especificación.

F91 Trastornos disociales
    F91.0 Trastorno disocial limitado al contexto familiar.
    F91.1 Trastorno disocial en niños no socializados.
    F91.2 Trastorno disocial en niños socializados.
    F91.3 Trastorno disocial desafiante y oposicionista.
    F91.8 Otros trastornos disociales.
    F91.9 Trastorno disocial sin especificación.

F92 Trastornos disociales y de las emociones mixtos

F92.0 Trastorno disocial depresivo.

F92.8 Otros trastornos disociales y de las emociones mixtos.

F92.9 Trastorno disocial y de las emociones mixto sin especificación.

F93 Trastornos de las emociones de comienzo habitual en la infancia

F93.0 Trastorno de ansiedad de separación de la infancia.

F93.1 Trastorno de ansiedad fóbica de la infancia.

F93.2 Trastorno de hipersensibilidad social de la infancia.

F93.3 Trastorno de rivalidad entre hermanos.

F93.8 Otros trastornos de las emociones en la infancia.

F93.9 Trastorno de las emociones en la infancia sin especificación.

F94 Trastornos del comportamiento social de comienzo habitual en la infancia y adolescencia

F94.0 Mutismo selectivo.

F94.1 Trastorno de vinculación de la infancia reactivo.

F94.2 Trastorno de vinculación de la infancia desinhibido.

F94.8 Otros trastornos del comportamiento social en la infancia y adolescencia.

F94.9 Trastorno del comportamiento social en la infancia y adolescencia sin especificación.

F95 Trastornos de tics

F95.0 Trastorno de tics transitorios.

F95.1 Trastorno de tics crónicos motores o fonatorios.

F95.2 Trastorno de tics múltiples motores y fonatorios combinados (síndrome de Gilles de la Tourette).

F95.8 Otros trastornos de tics.

F95.9 Trastorno de tics sin especificación.

F98 Otros trastornos de las emociones y del comportamiento de comienzo habitual en la infancia y adolescencia

F98.0 Enuresis no orgánica.

F98.1 Encopresis no orgánica.

F98.2 Trastorno de la conducta alimentaria en la infancia.

F98.3 Pica en la infancia.

F98.4 Trastorno de estereotipias motrices.

F98.5 Tartamudeo (espasmofemia).

F98.6 Farfulleo.

F98.8 Otros trastornos de las emociones y del comportamiento en la infancia y adolescencia especificados.

F98.9 Trastorno de las emociones y del comportamiento de comienzo habitual en la infancia o la adolescencia sin especificación.

F99 Trastorno mental sin especificación

Bibliografía

— Alarcón, RD., Bell CC., Kirmayer LJ. et al., *Beyond the funhouse mirrors: research agenda on culture and psychiatric diagnosis* (2002). En Kupfer, First y Regier (eds), A Research Agenda for DSM-V, Washington, American Psychiatric Association.

— Altemus, M., *Neurobiología, sexo y género* (2009). En William E. Narrow, Michael B. First, Paul J.Sirovatka y Darrel A. Regier (coor) Agenda de Investigación para el DSM-V. Consideraciones sobre la edad y el género en el diagnóstico Psiquiátrico, Madrid, Elsevier Masson.

— Cooke, BC., Hegstrom, CD., Villeneuve, LS. et al., *Sexual differentiation of the vertebrate brain principles and mechanisms*. Front Neuroendocrinol (1998).

— DSM-IV *Manual Diagnóstico y Estadístico de los Trastornos Mentales*, American Psychiatric Association (1994).

— Caparra, G. V. y Pastorelli, C., *Indicadores precoces de adaptación social* (1996). En J. Buendía (Ed.), *Psicopatología en niños y adolescentes. Desarrollos actuales*, Pirámide, Madrid. 121-145.

— Carrobles, J. A. y Pérez-Pareja, J., *Escuela de Padres. Guía práctica para evitar problemas de conducta y mejorar el desarrollo infantil*, Pirámide, Madrid, (1999).

— Comas Arnau, D., *Videojuegos y violencia. Estudios e investigación* 2001, Defensor del Menor en la Comunidad de Madrid, (2001)

— Díaz-Aguado, M.J. (Dir.), *Prevención de la violencia y lucha contra la exclusión desde la adolescencia*, Madrid, Instituto de la Juventud, Ministerio de Trabajo y Asuntos Sociales, (2004). Serie de tres libros y un video con tres documentos audiovisuales.

— Díaz-Aguado, M.J., *El acoso escolar y la prevención de la violencia desde la familia*, Madrid, Consejería de Familia y Asuntos Sociales, (2006).

- Espinosa Manso, C., *Los niños y los jóvenes del tercer milenio. Guía práctica para padres y educadores*, Editorial Sirio S.A., Málaga, (2007).
- Ezpeleta, L. (Editora), *Factores de riesgo en psicopatología del desarrollo*, Masson, Barcelona, (2005).
- Herbert, M., *Padres e hijos. Mejorar los hábitos y las relaciones*, Pirámide, Madrid, (2002).
- Huertas, D., *Violencia. La gran amenaza*, Alianza Editorial, Madrid, (2007).
- Organización Mundial de la Salud, *Informe sobre la violencia en el mundo como problemas de salud*, Publicación Científico Técnica nº. 588, OMS, (2002).
- Mañas Gómez, Carlos, *El discreto encanto de la filantropía*, Ediciones Artimañas, (2006).
- Sanmartín Esplugues, J., *El enemigo en casa. La violencia familiar*, NABLA Actividades Editoriales, S.L., Barcelona, (2008).
- Urra, J., *El pequeño dictador. Cuando los padres son las víctimas*, La Esfera de los Libros, S. L., (2006)
- Urra, J., *Adolescentes en conflictos en conflicto. 52 casos reales*, Pirámide, Madrid, (2005).

PÁGINAS WEB DE INTERÉS

http://www.cdc.gov/spanish/especialesCDC/violenciaJuvenil/index.htm
http://www.safeyouth.org/scripts/espanol/index.asp
http://www.aepec.es
http://www.anshda.org.
http://www.fapmi.es
http://www.colorado.edu./cspv
http://www.nccev.org
http://www.ndvh.org
http://www.cibereduca.com/especial/articulos.htm
http://www.aui.es/padres/ipadres.htm
http: //www.protegeles.com.
http: //www.trastornobipolarorganizacion.com
http: //www.forodesaludmental.org
http: //www.solidariosanonimos.org

Agradecimientos

La presente obra no podría haberse concretado como tal está sin la ayuda de diversas personas y organizaciones. Merecen un agradecimiento especial:

- Figuras de la farándula, actores y líderes de opinión como Sergio Pazos, María Castro, Manquiña, Morris, Marta Larralde, Xerome Calero, Avelino González, Iolanda Muíños, Pedro Alonso, Tacho, Isabel Blanco e Uxía Blanco, quienes de forma generosa brindaron su imagen a diferentes campañas de sensibilización.
- Teo Cardalda y María Monsonis (grupo Cómplices) cuyo paladar social bautizó la pieza musical "Calor en invierno", primera canción compuesta en España inspirada en la patología bipolar. Gracias por habérmela dedicado y, sobre todo, gracias por hacer de la música un compromiso social.
- Mi psicóloga de cabecera Ángela Carballido por dar en el clavo con sus mensajes de aliento alimentados de empatía.
- Mi "jefa" Mª Carmen Martínez por aguantar mi caprichosos cambios de ánimo.
- Mi psiquiatra de cabecera J. Ramón Villamarín porque sus consejos superaban con creces los efectos de sus recetas.
- Mi buen amigo el médico psiquiatra J. Ramón López, consejero médico de Trastorno Bipolar Organización, cuya paciencia, bondad y altruismo son dignos de admiración.
- Betty, mi mujer, y Carla y Lucas, mis hijos, principales pilares de mi equilibrio emocional y felicidad. Sin su comprensión mi vida no sería lo mismo. Estando con ellos, no tengo necesidad de comprar la felicidad en una farmacia. La sonrisa de mis hijos indulta la tristeza de mis ojos.

Índice